Autos

Claus-Dietrich Groll

Copyright © 2020 Claus-Dietrich Groll

Alle Rechte vorbehalten.

ISBN:9798557195720

für Ina

Inhalt

A gesplittet---

A im Parabelgebirge   Seite   1 – 3

A 4x ineinander---

A-Schleudersitz   Seite   4 - 12

A mit Schneeketten---

A zwei Unterteile   Seite   13 - 19

A Verdeck geöffnet---

A-Schieber   Seite   20 - 31

A mit Fahnen---

A-Bremsschirm

ohne U   Seite   32 - 46

A-Zieharmonika---

A-Bremsschirm mit U   Seite   47 - 54

Impressum   Seite   55

DANKSAGUNG

Mein Dank gilt meiner lieben Frau für ihre fortwährende Unterstützung. Unsere Mietzekatzen sorgten für viel Unterhaltung und Entspannung bei meiner Arbeit.

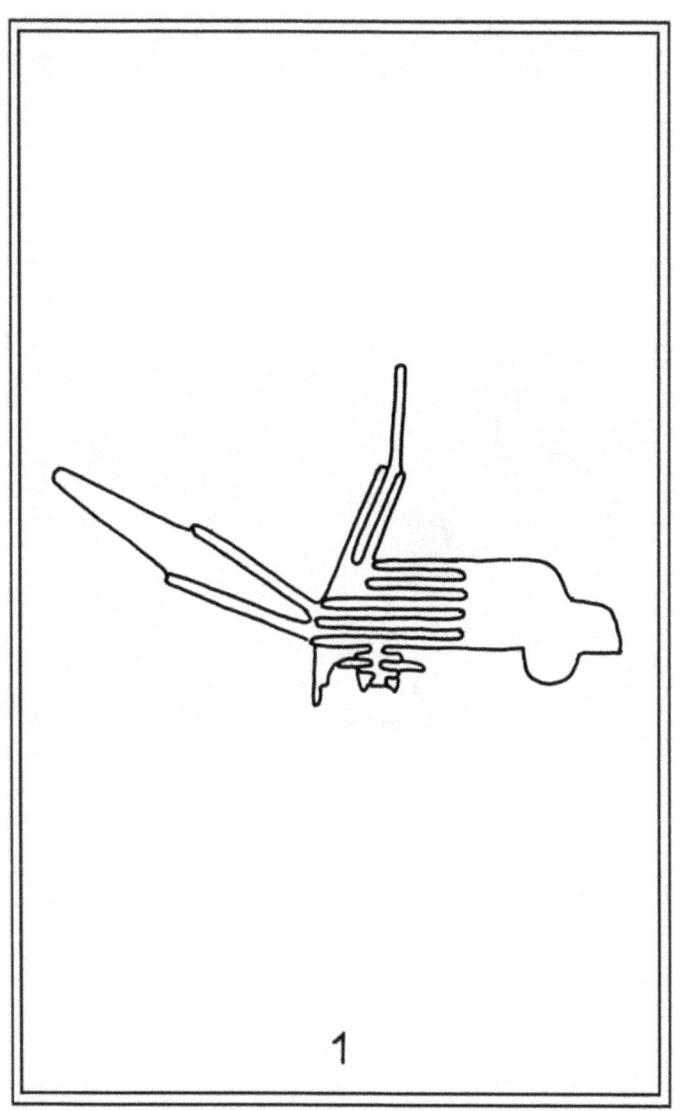

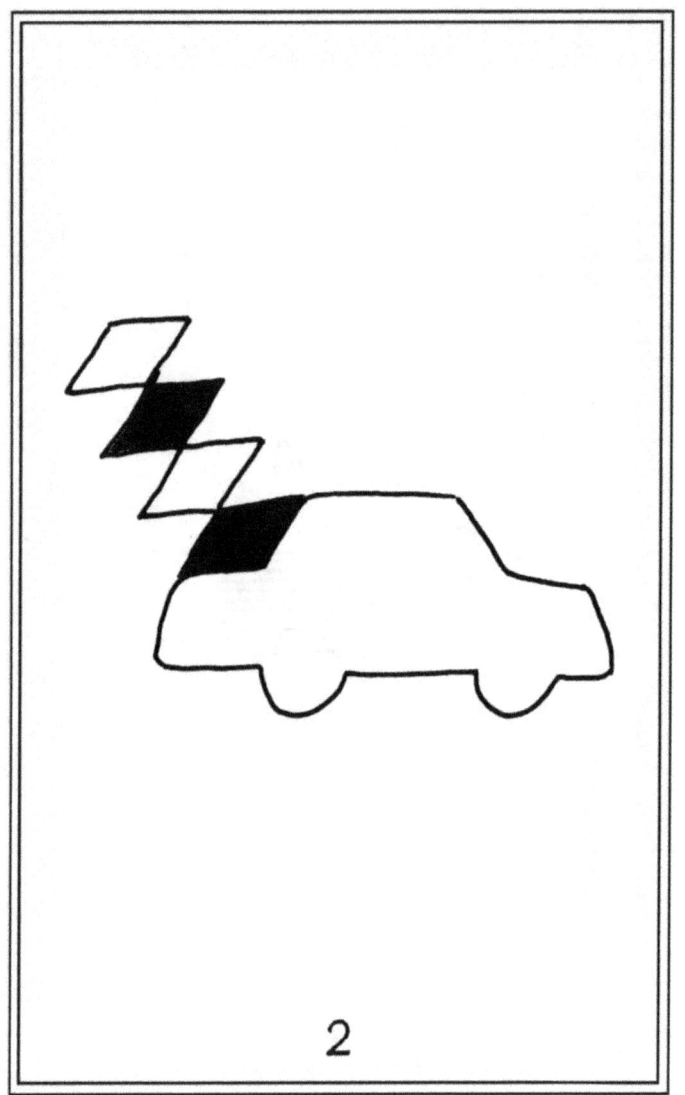

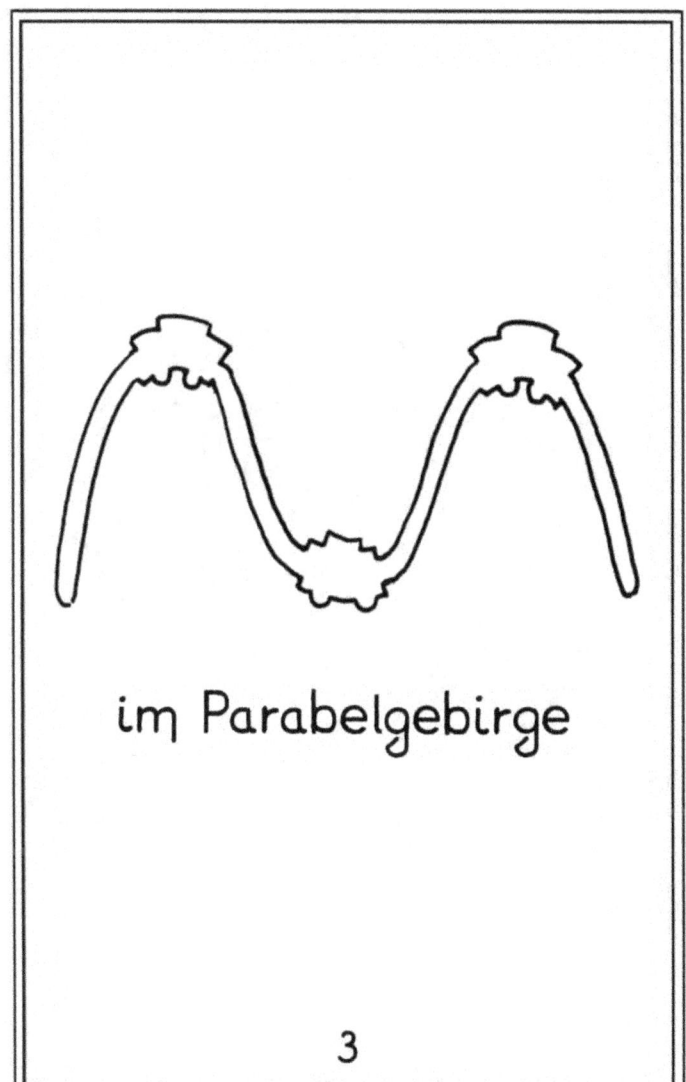

im Parabelgebirge

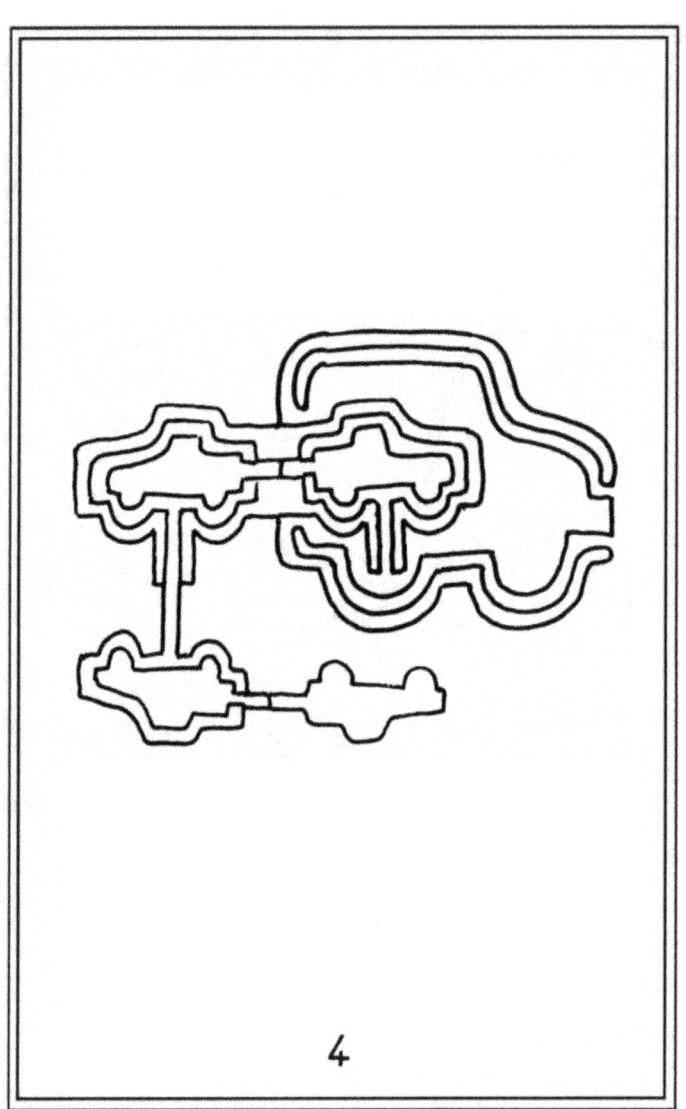

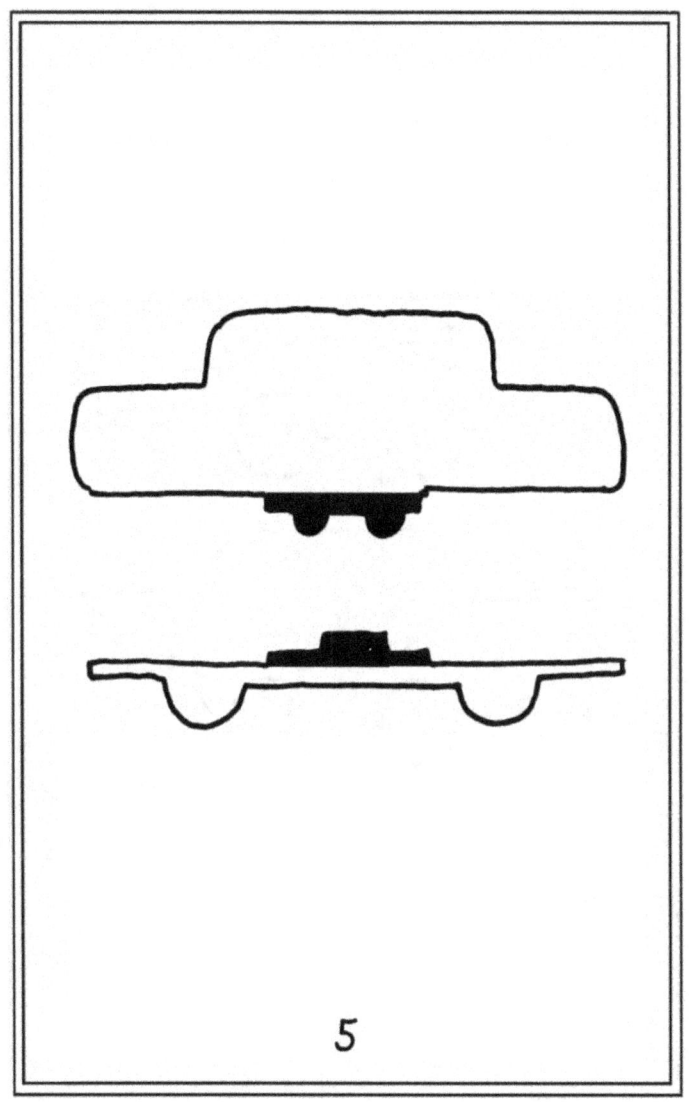

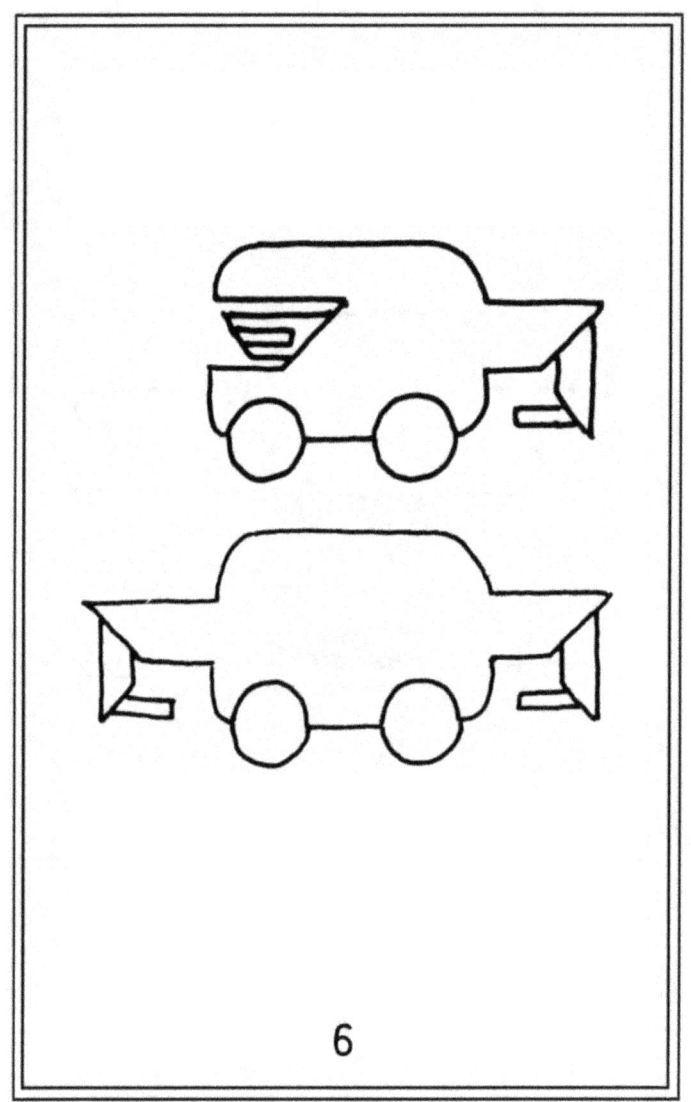

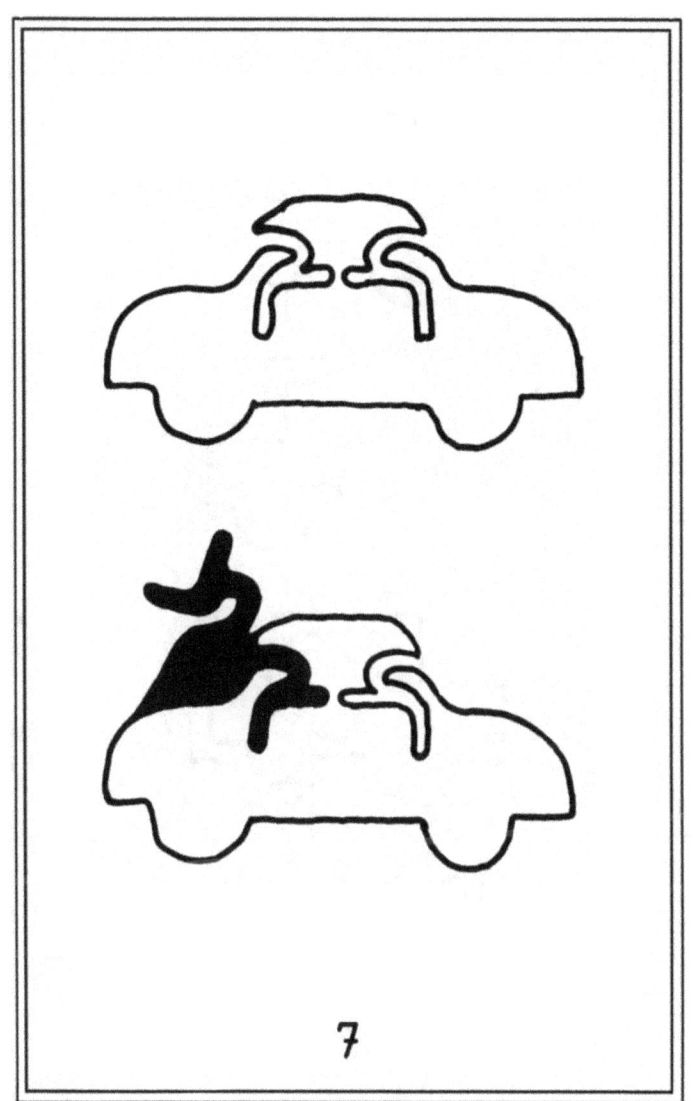

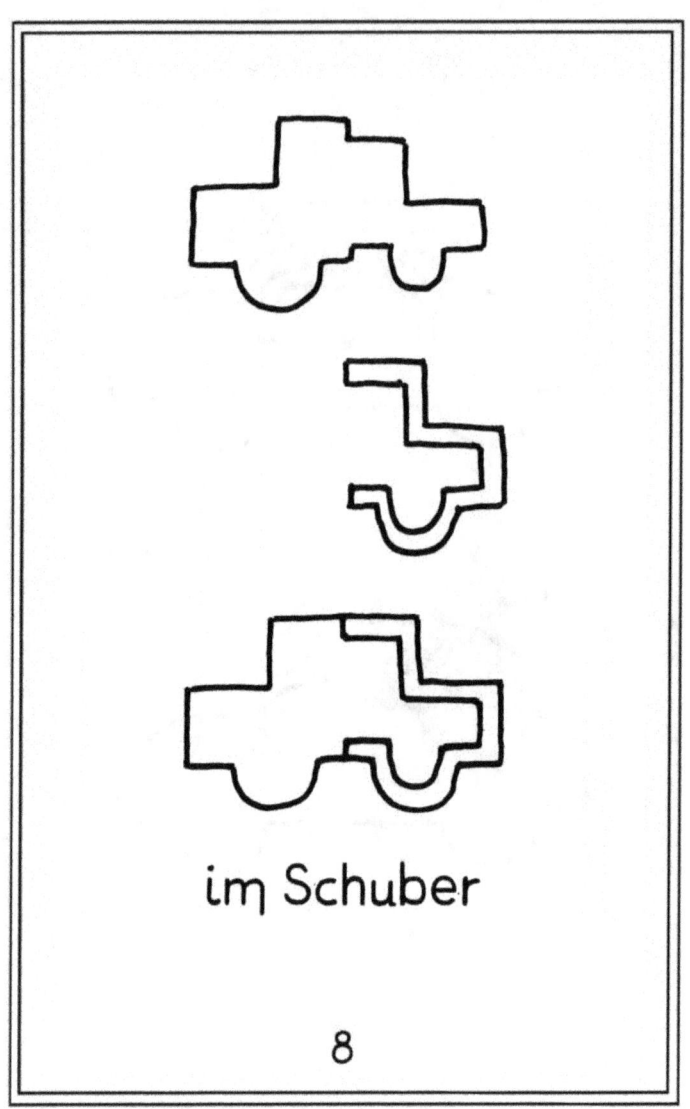

im Schuber

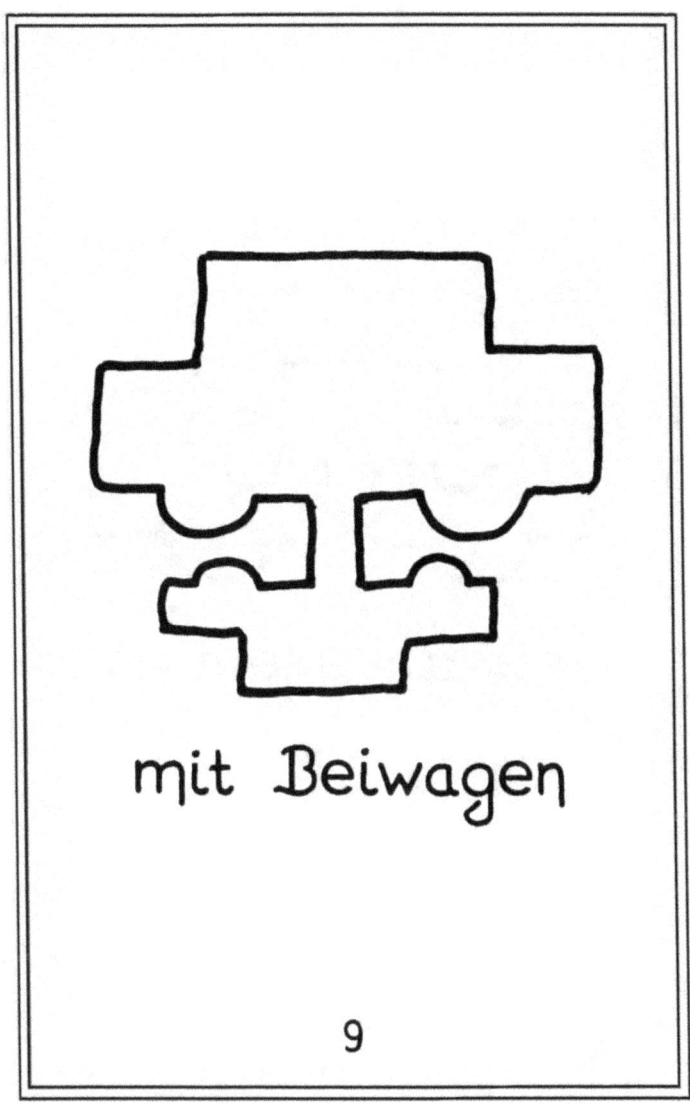

mit Beiwagen

9

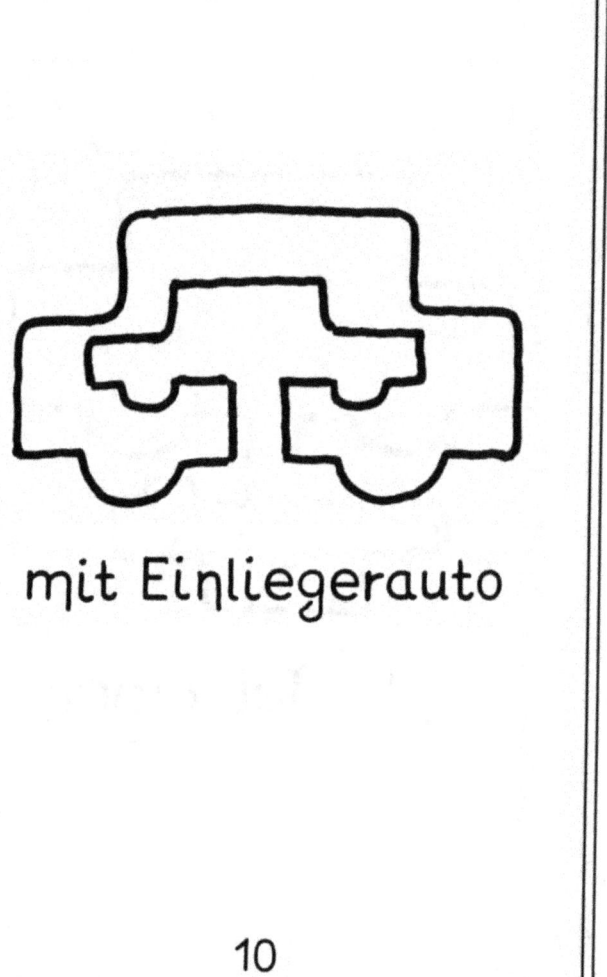

mit Einliegerauto

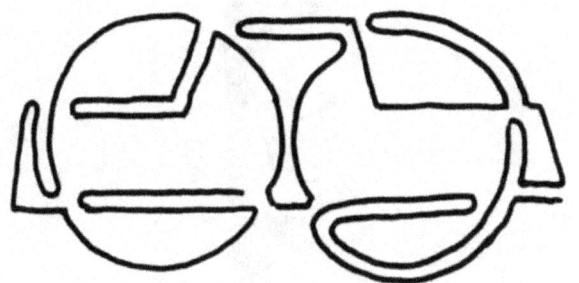

mit großen Rädern

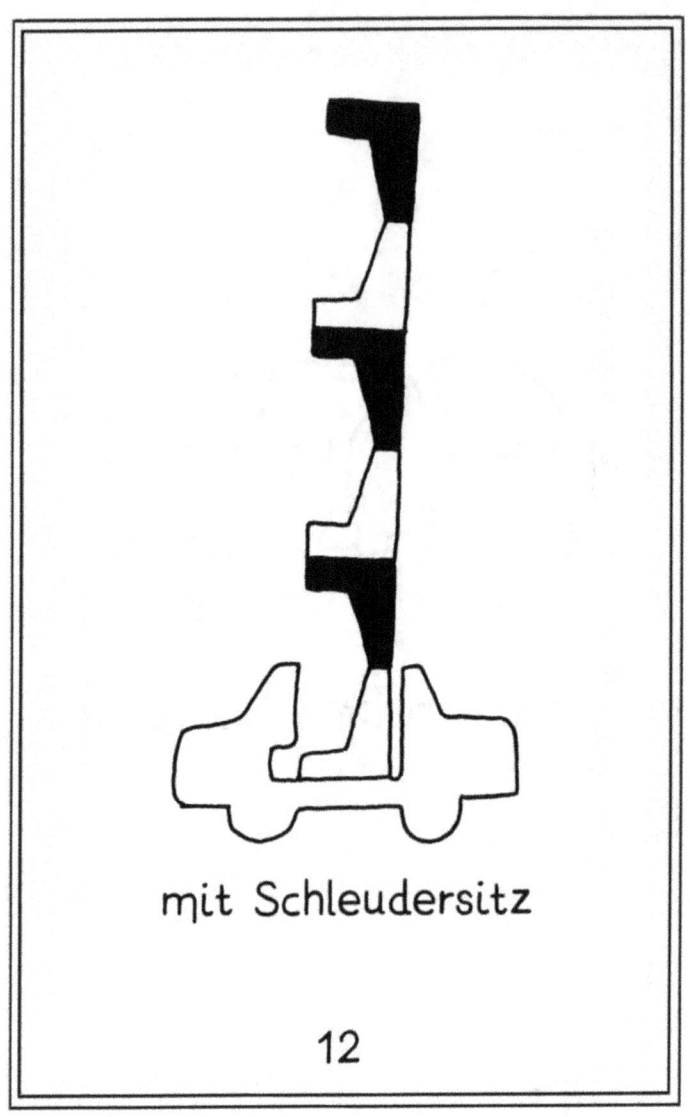

mit Schleudersitz

12

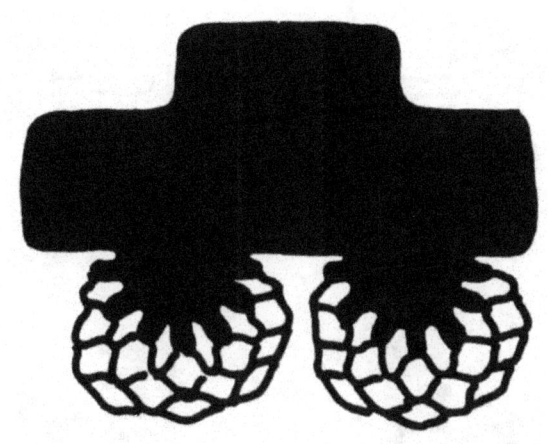

mit Schneeketten

13

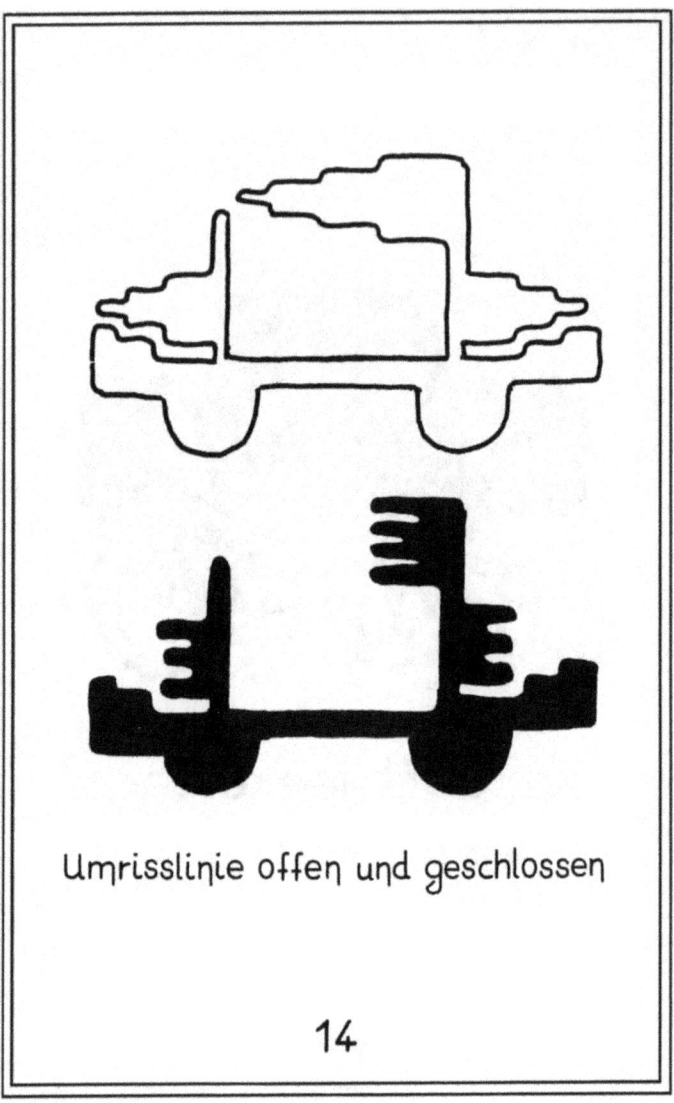

Umrisslinie offen und geschlossen

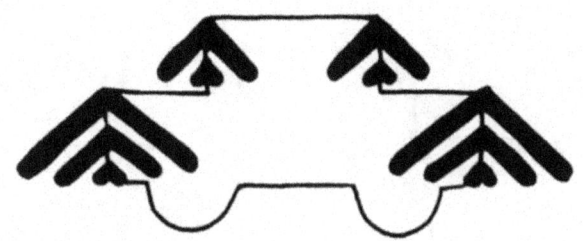

mit Warnstreifen

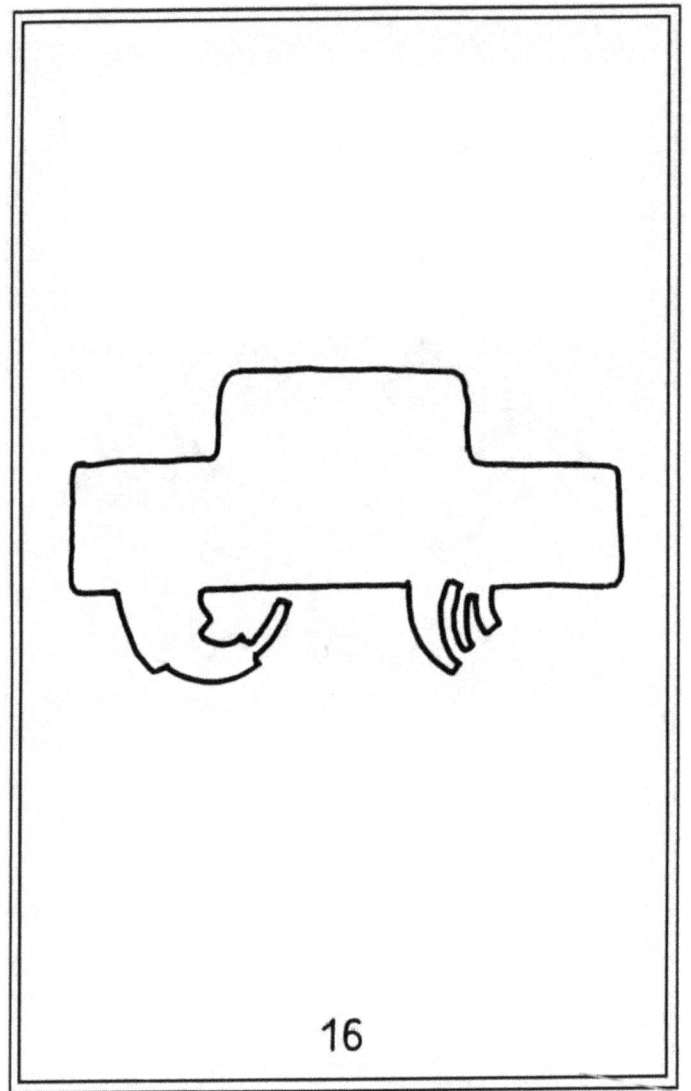

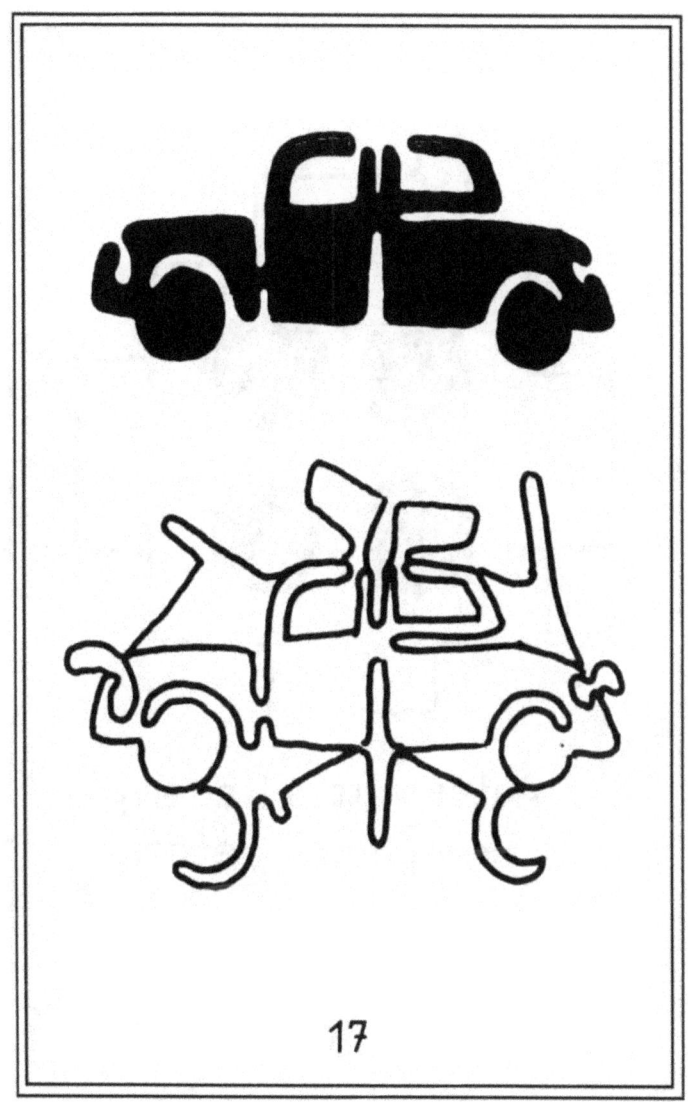

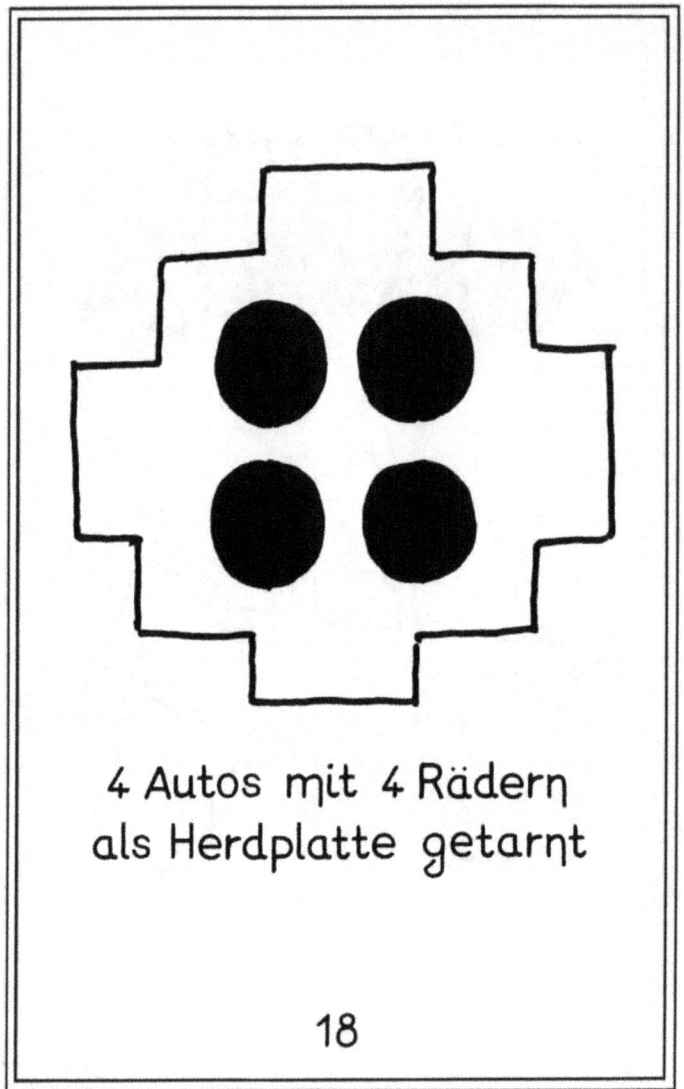

4 Autos mit 4 Rädern
als Herdplatte getarnt

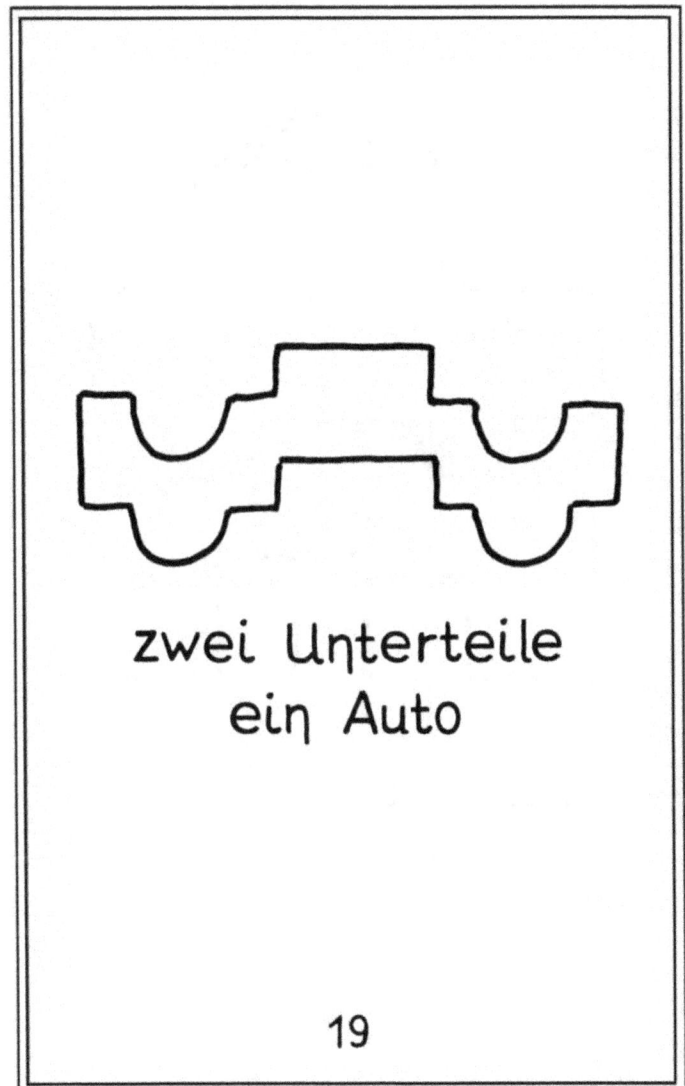

zwei Unterteile
ein Auto

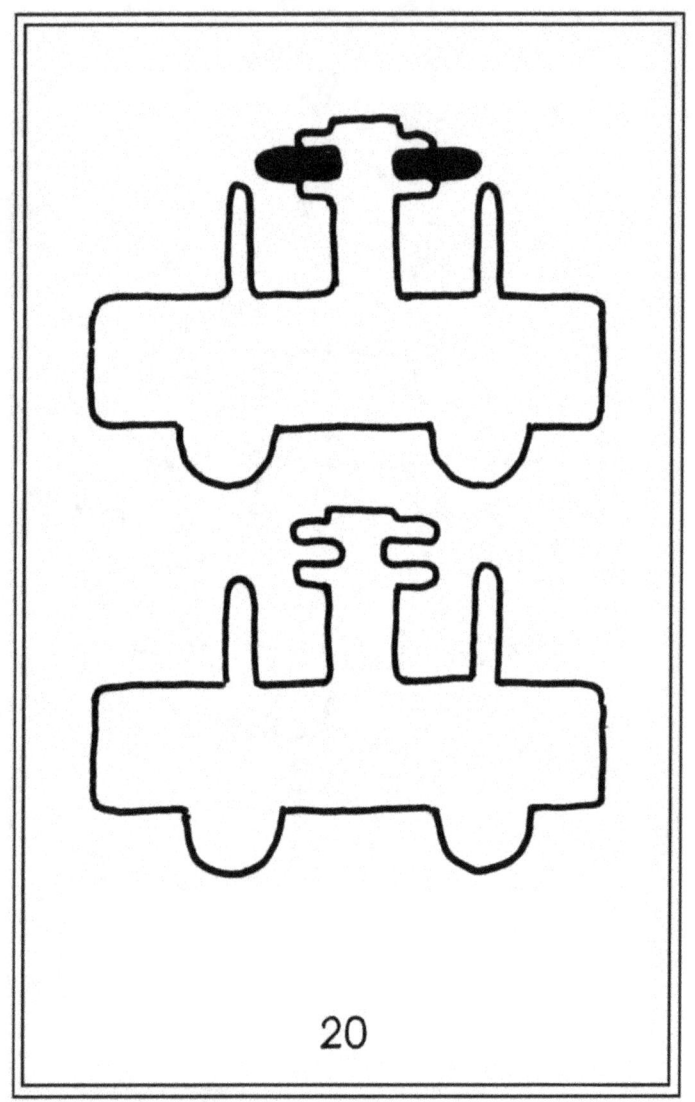

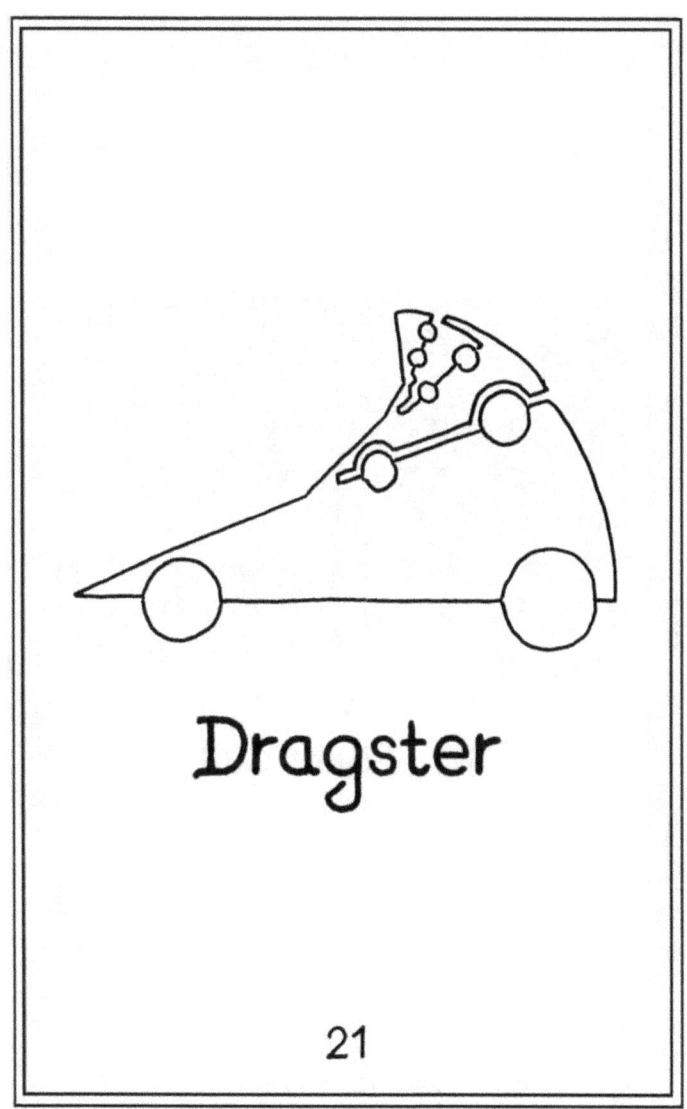

Dragster

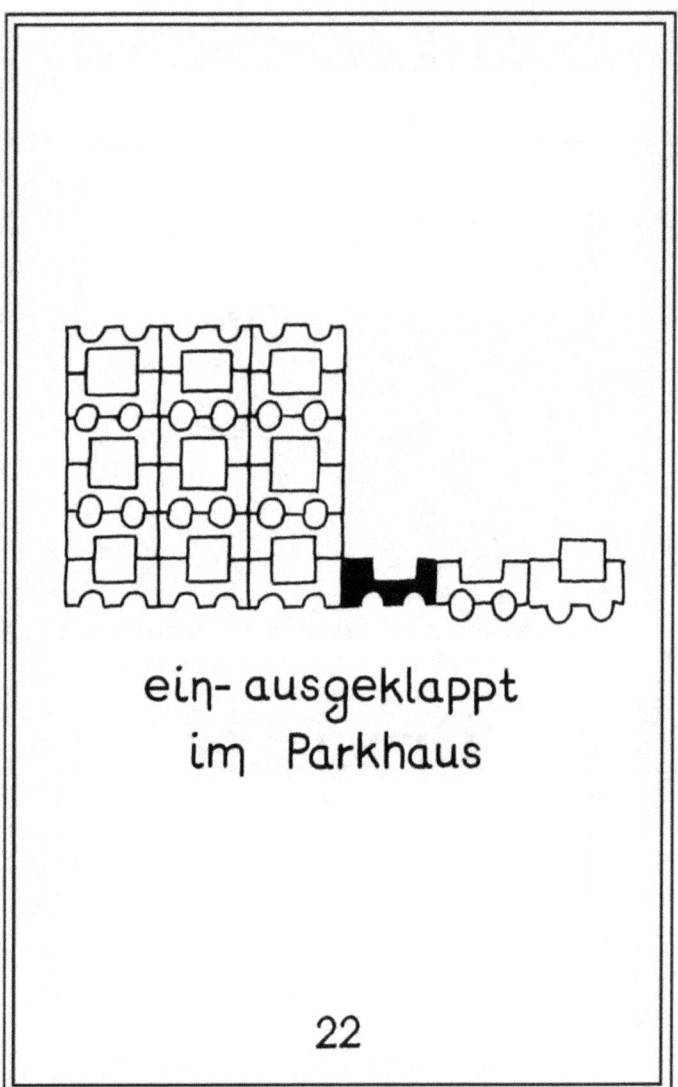

ein- ausgeklappt
im Parkhaus

22

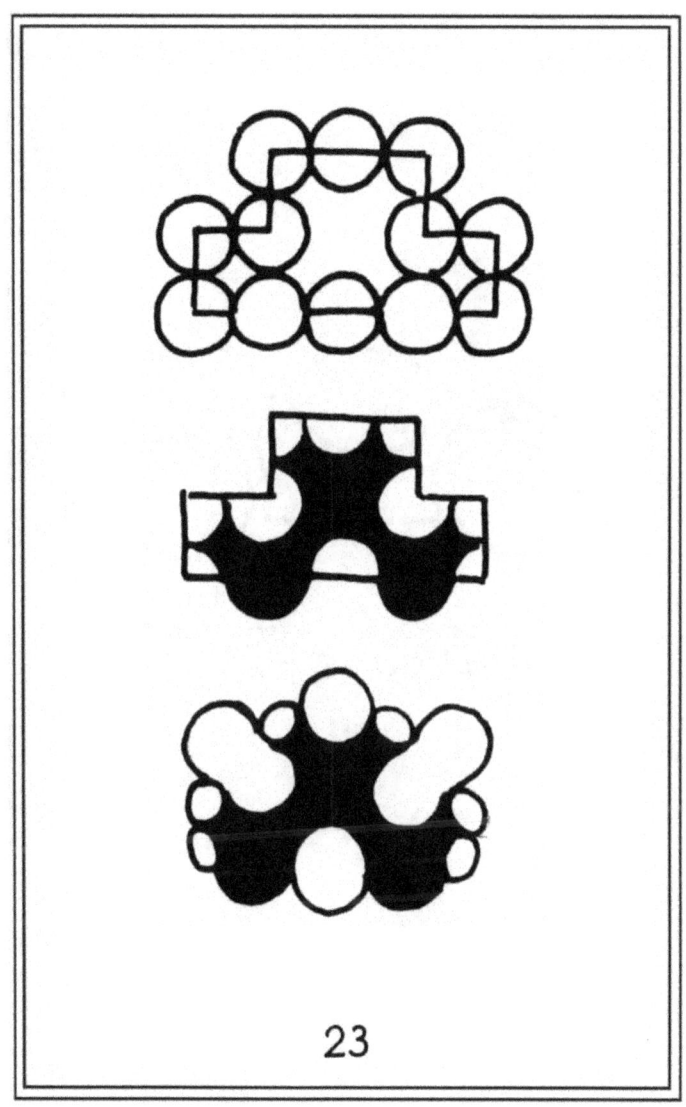

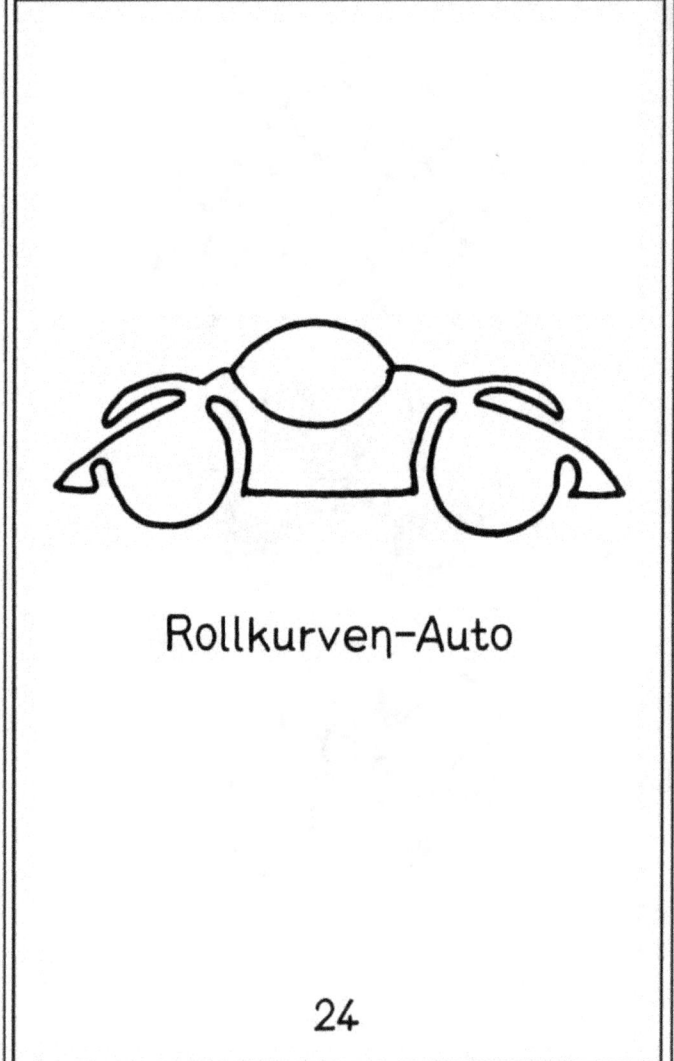

Rollkurven-Auto

24

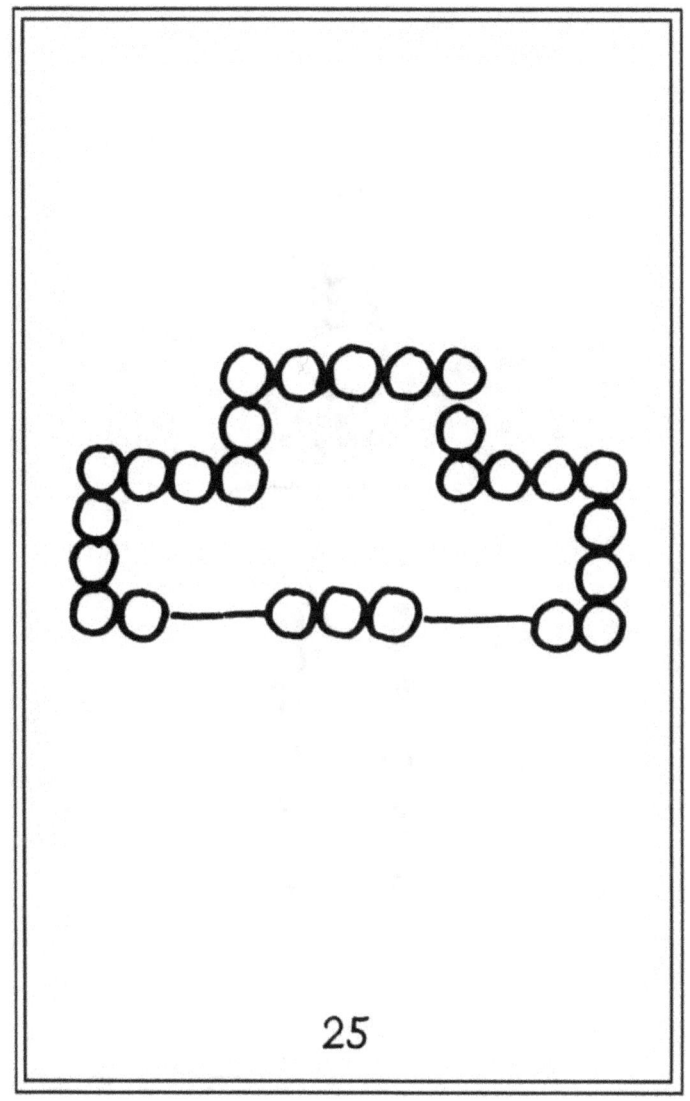

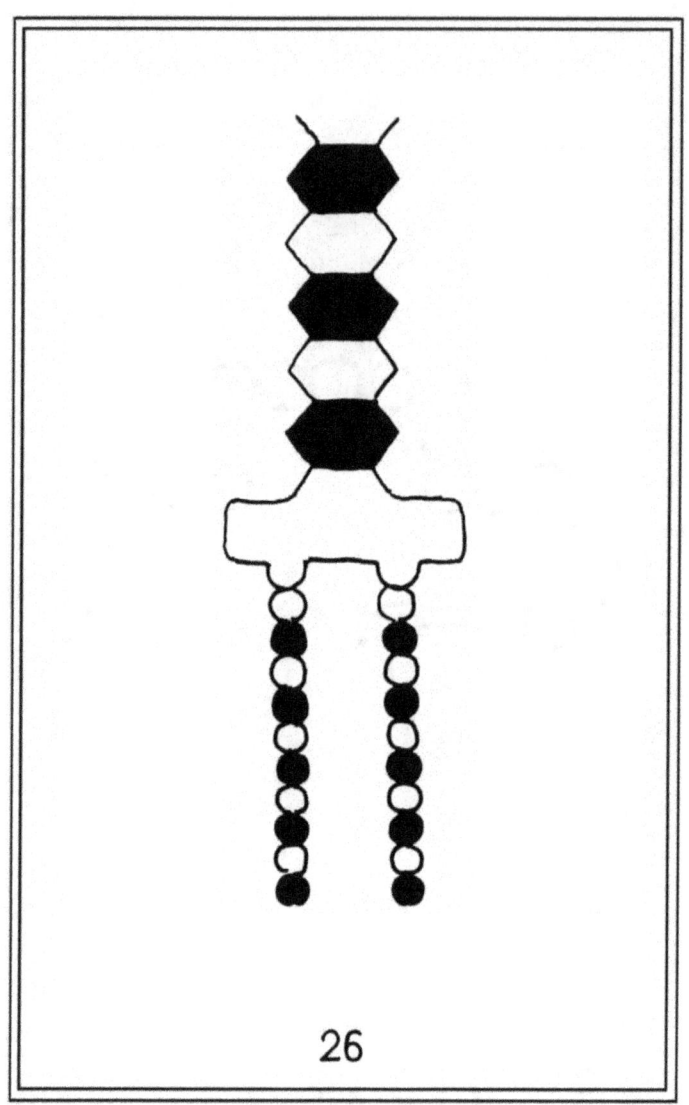

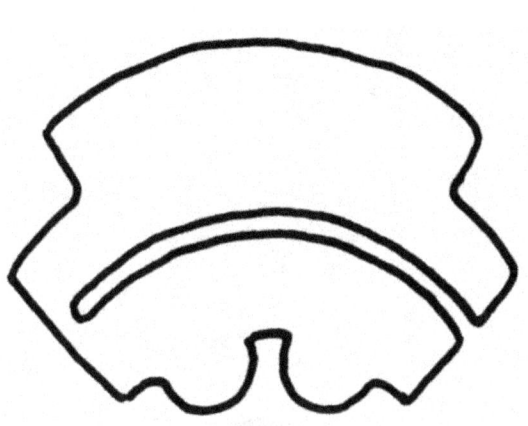

gestreckt und gestaucht

27

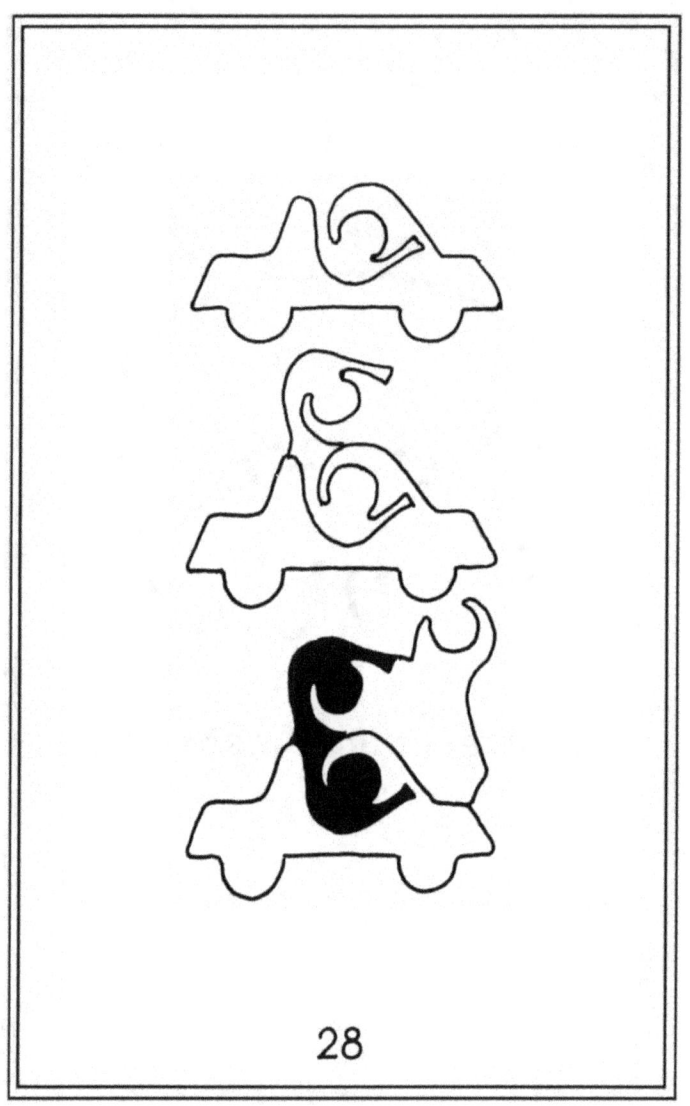

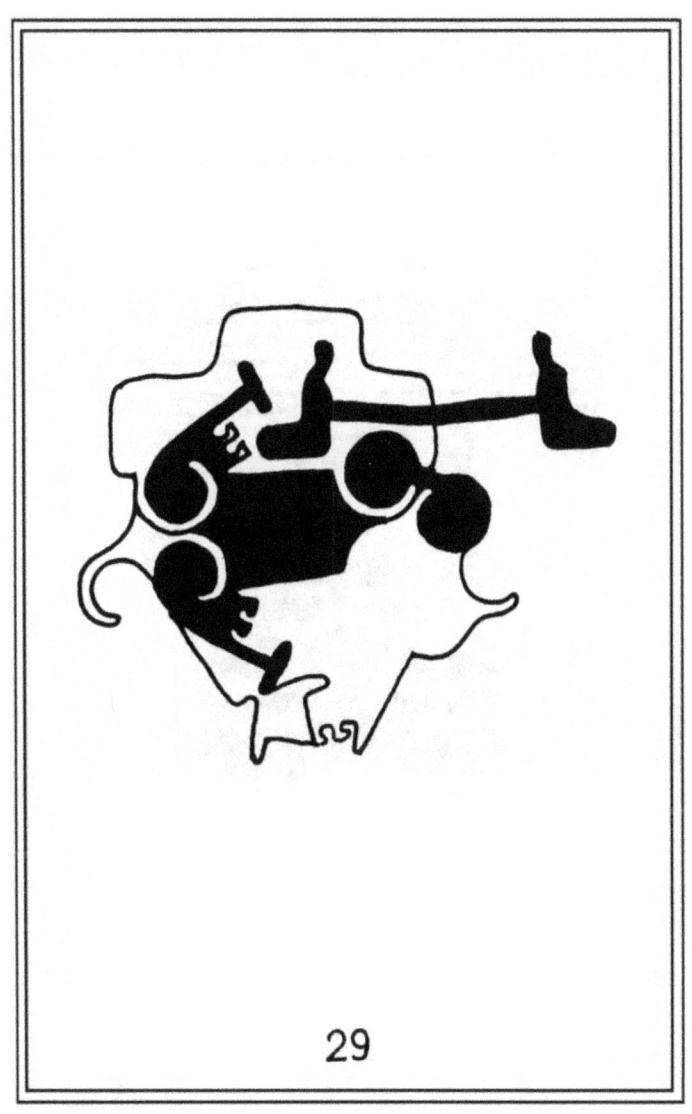

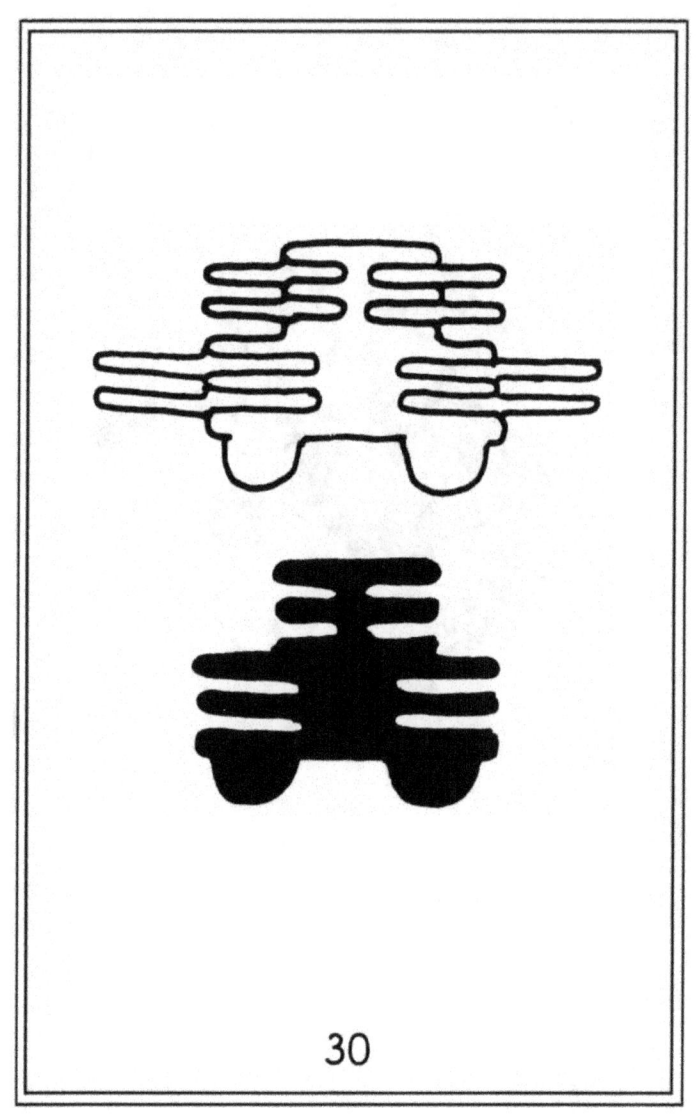

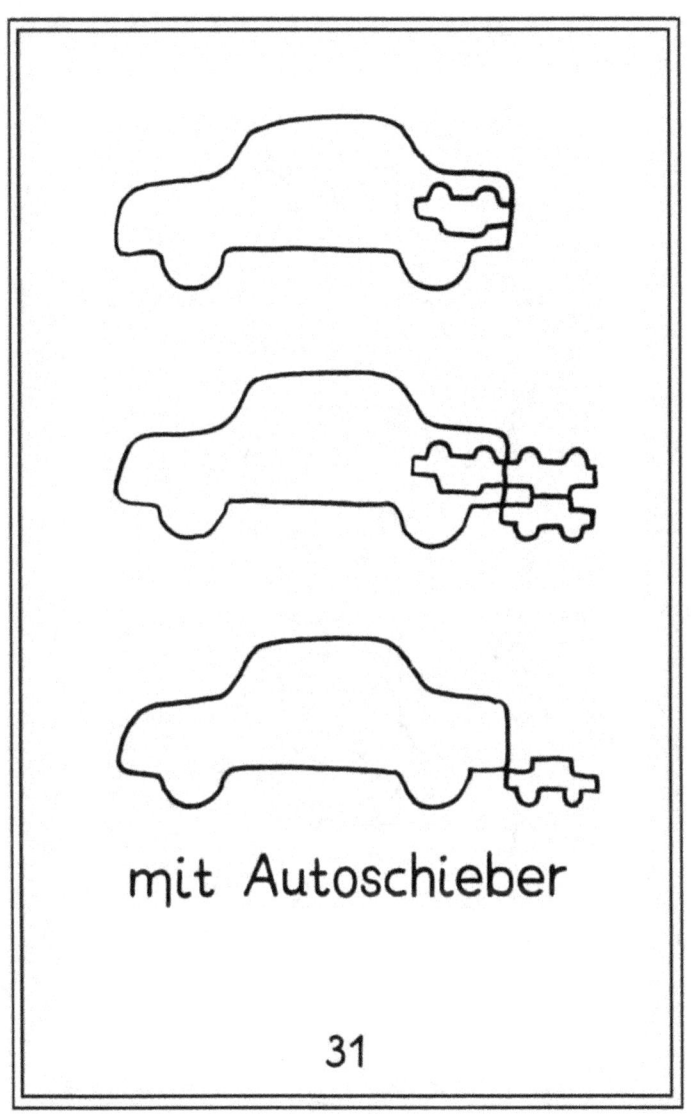

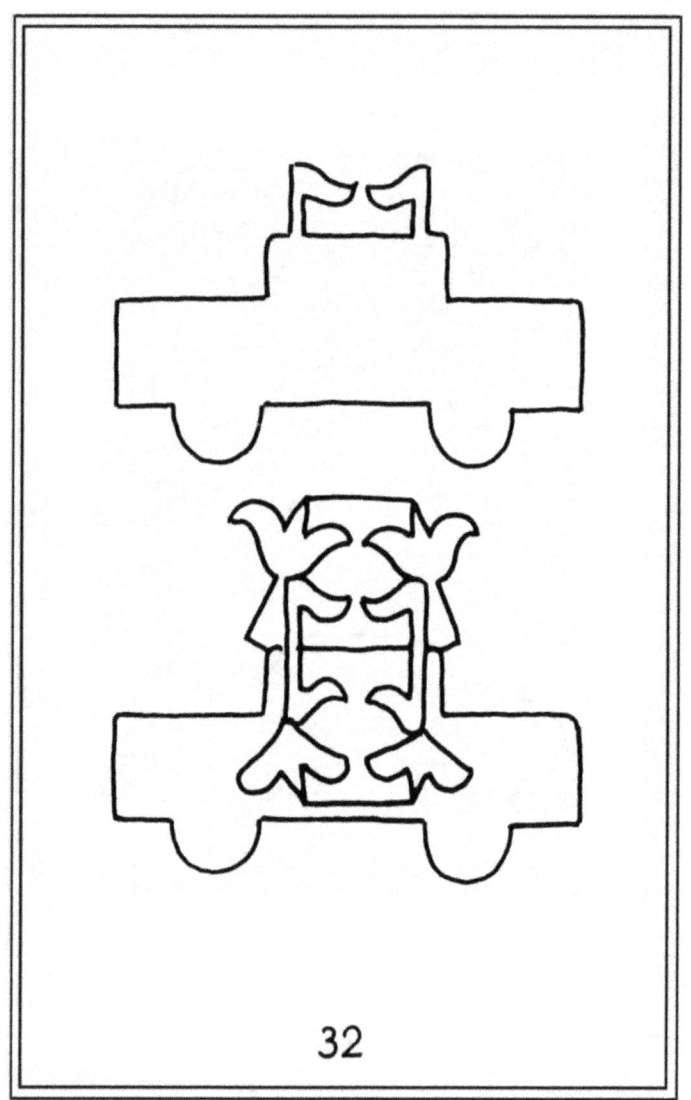

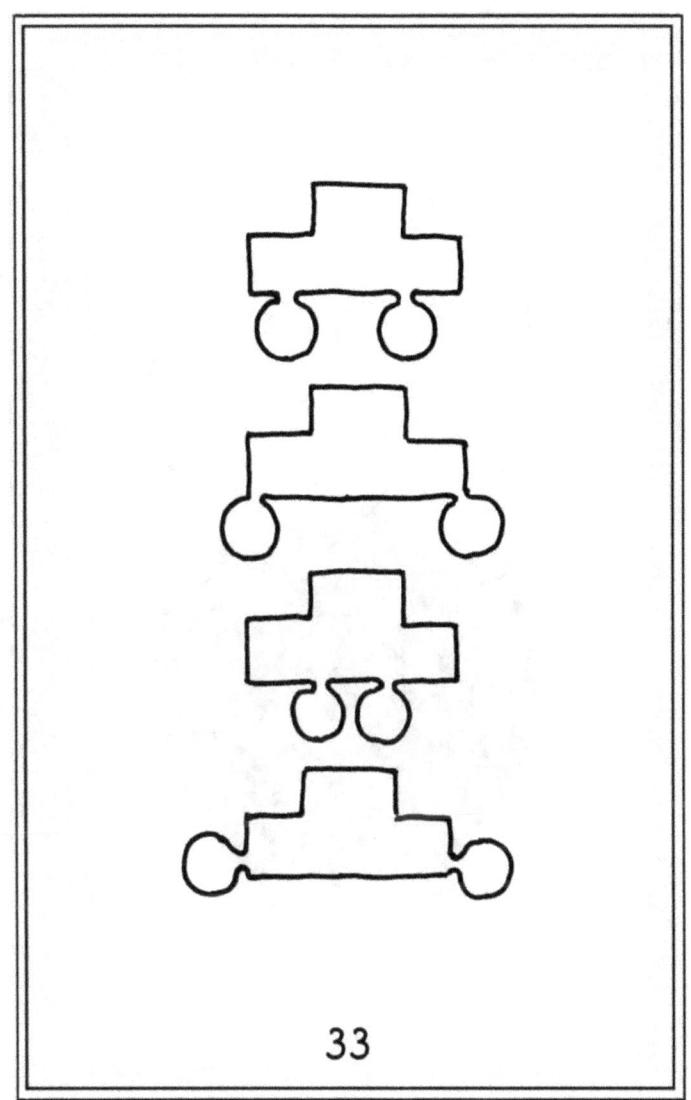

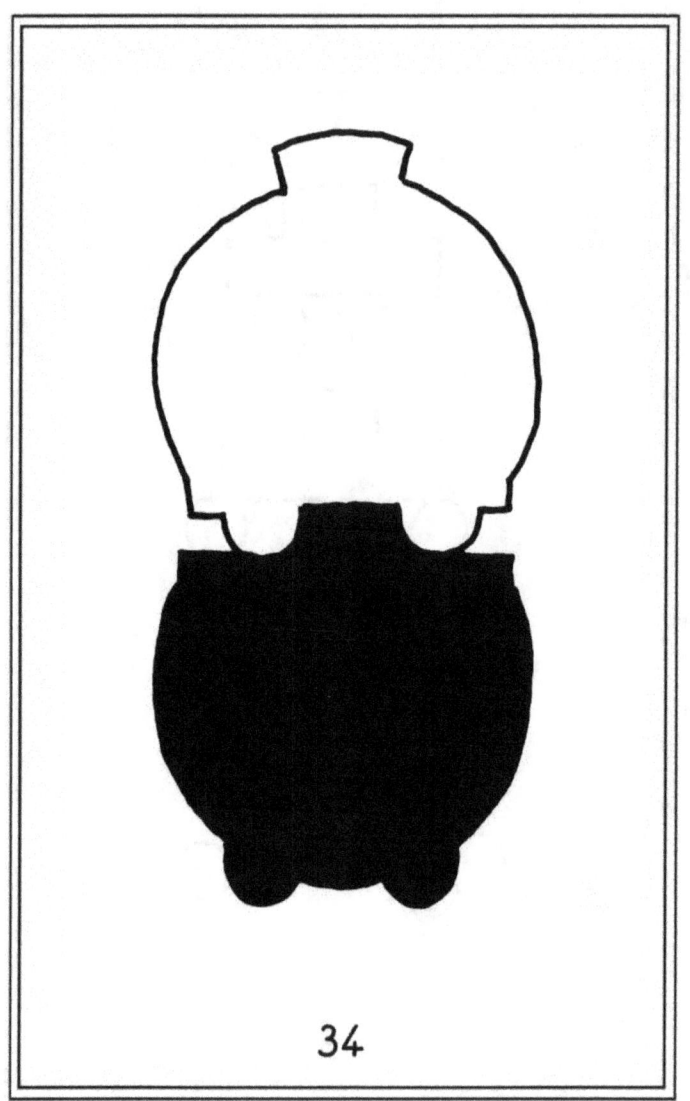

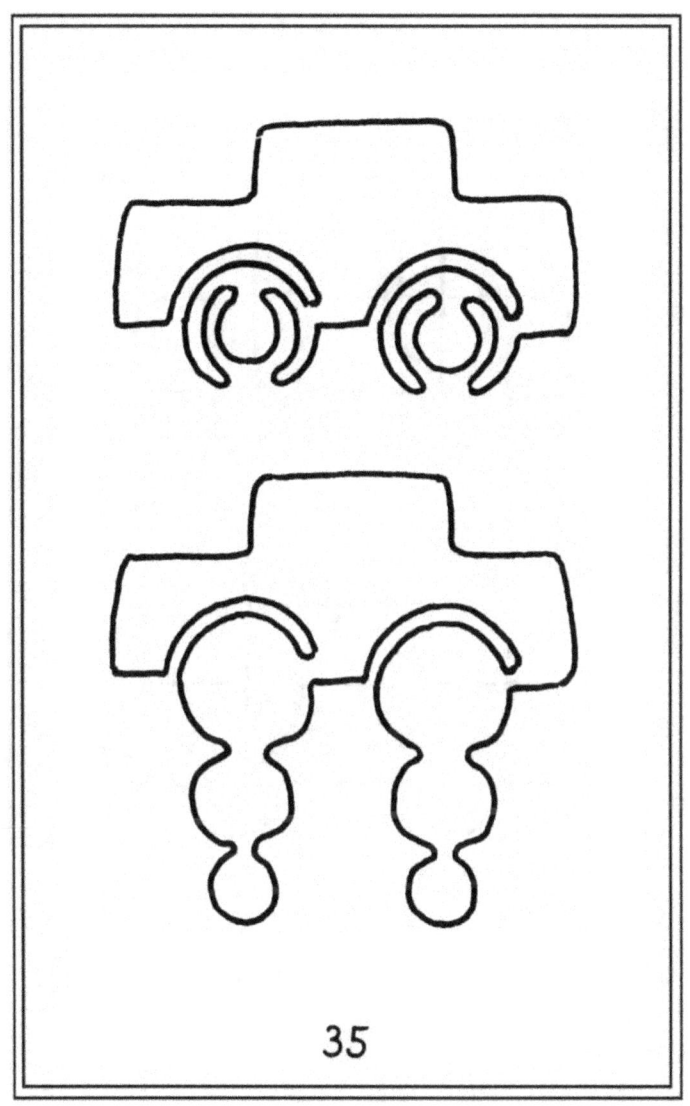

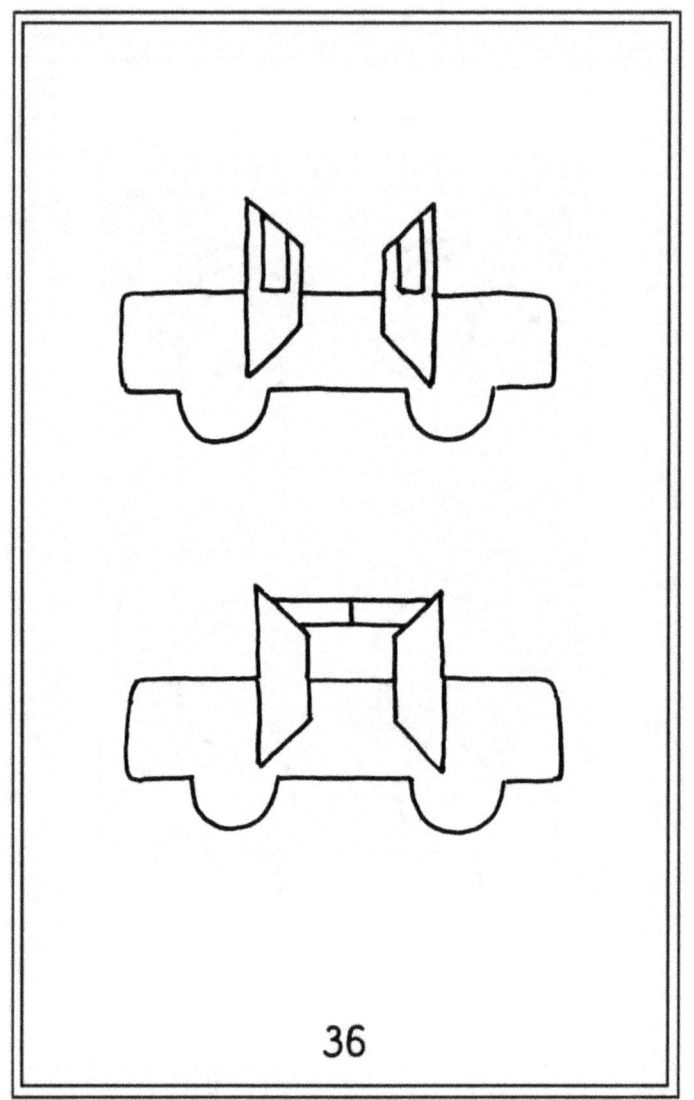

36

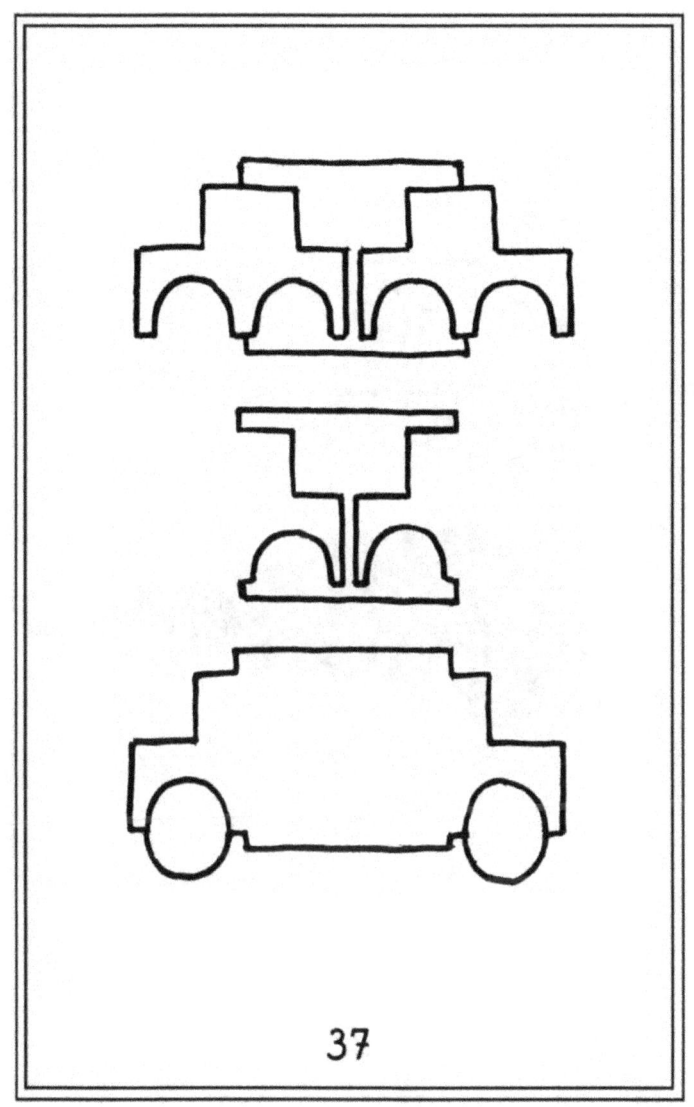

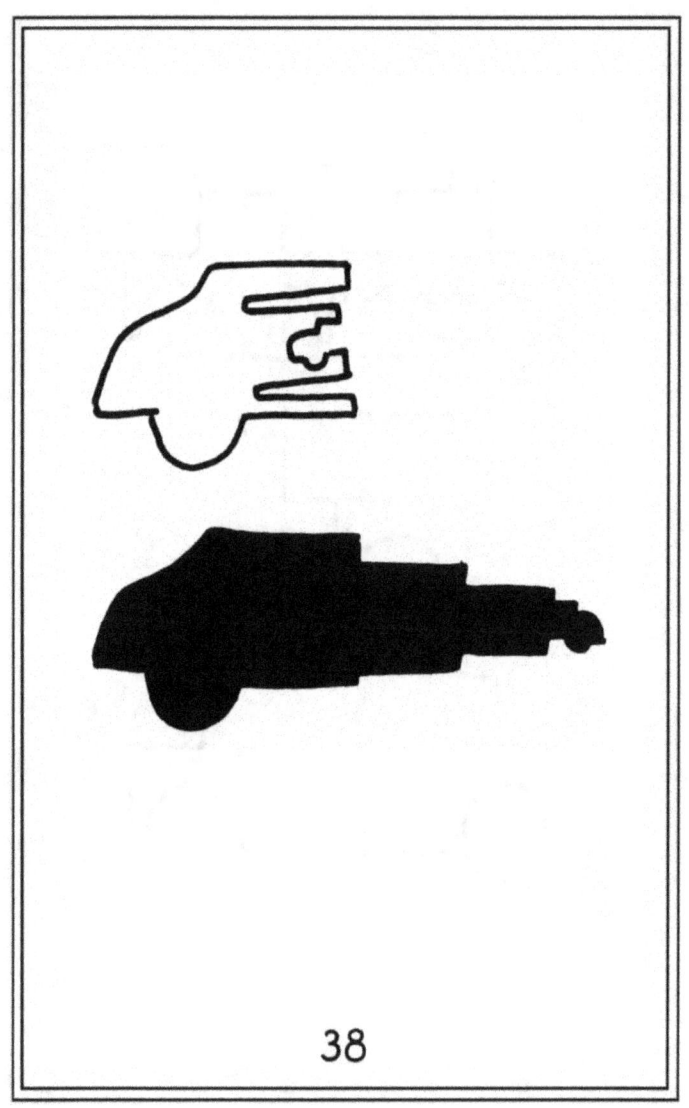

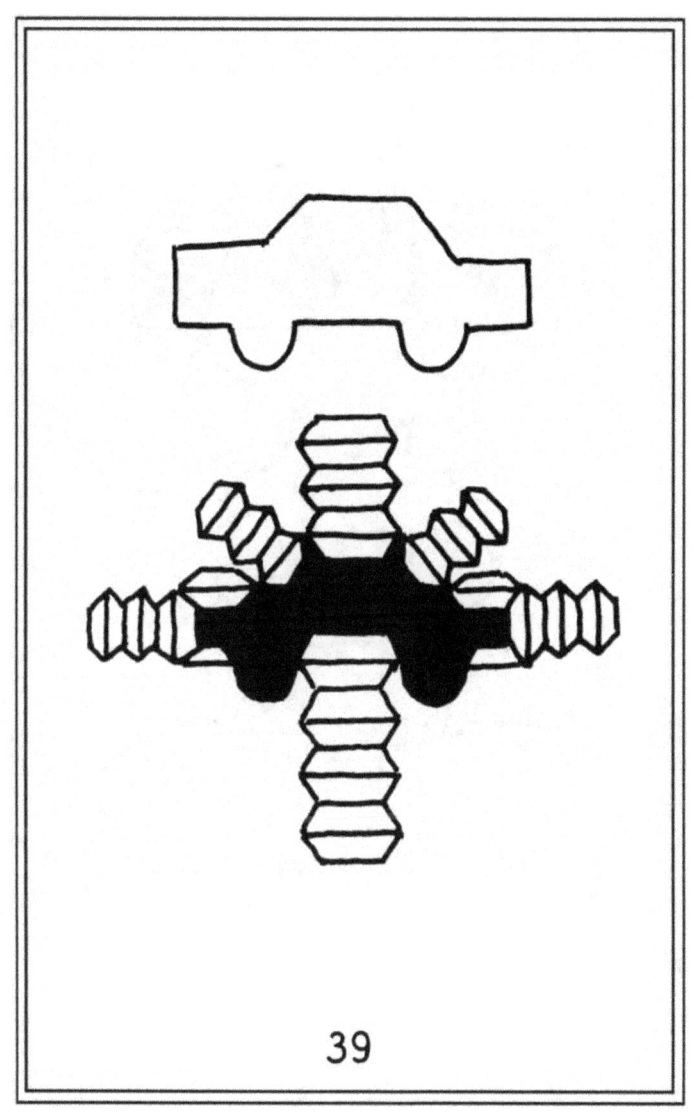

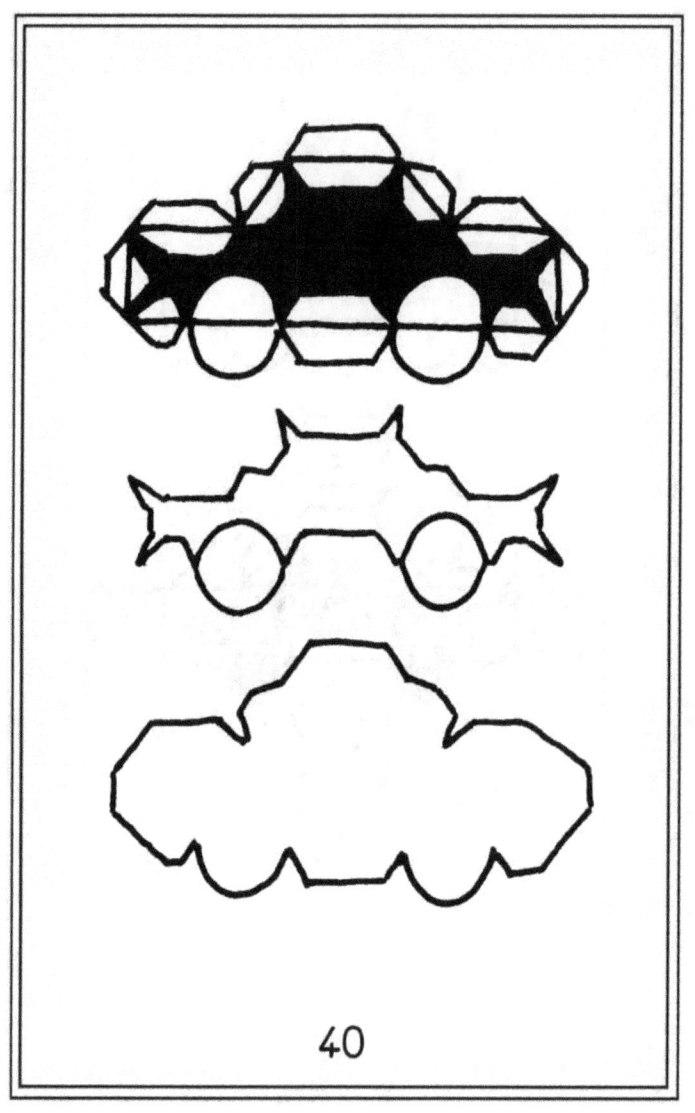

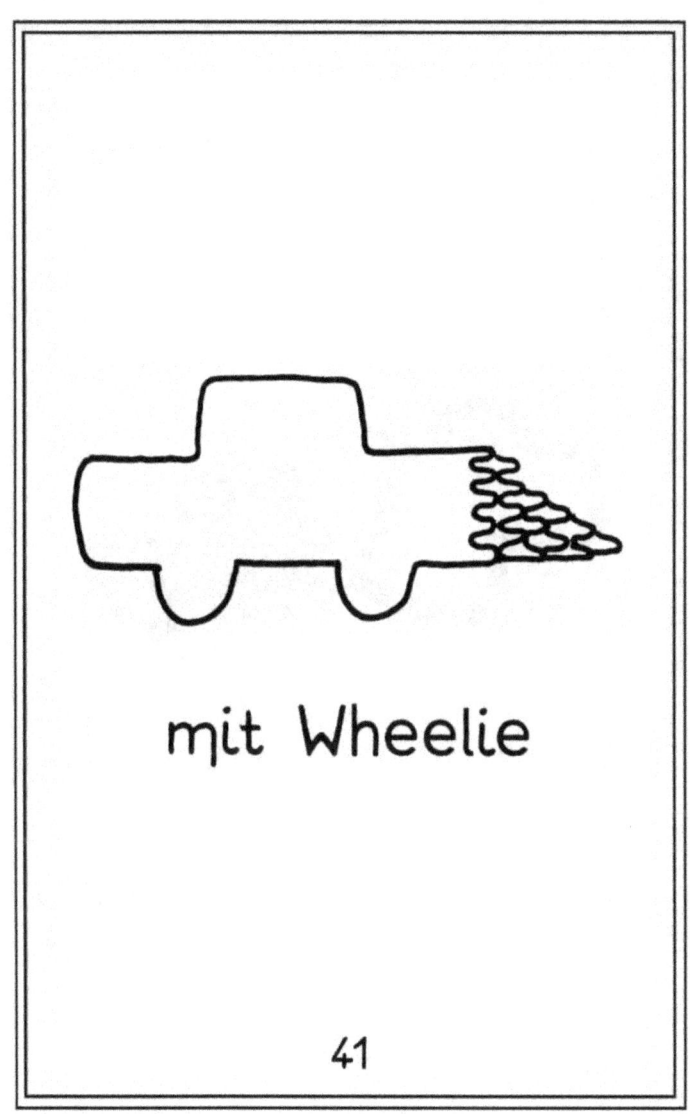

mit Wheelie

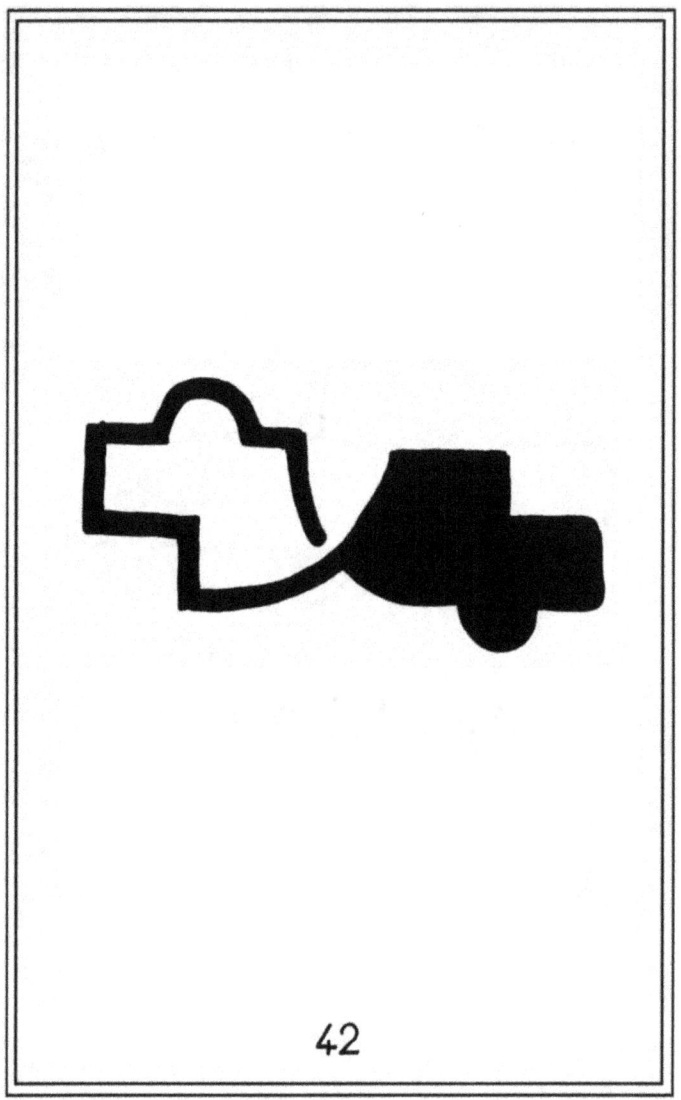

42

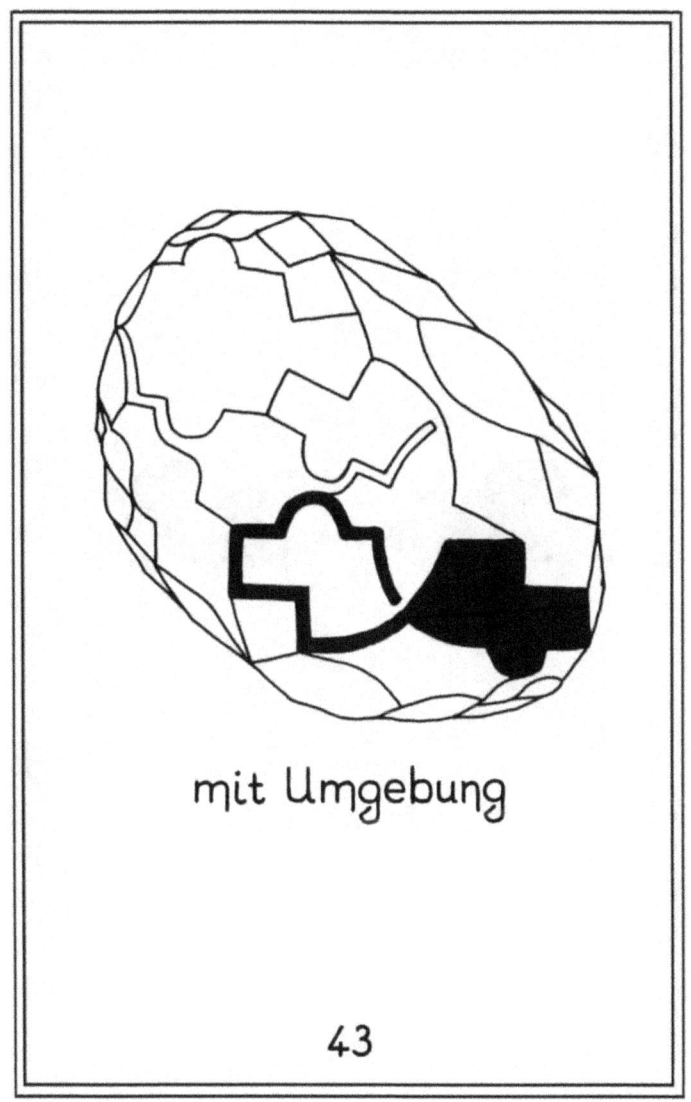

mit Umgebung

43

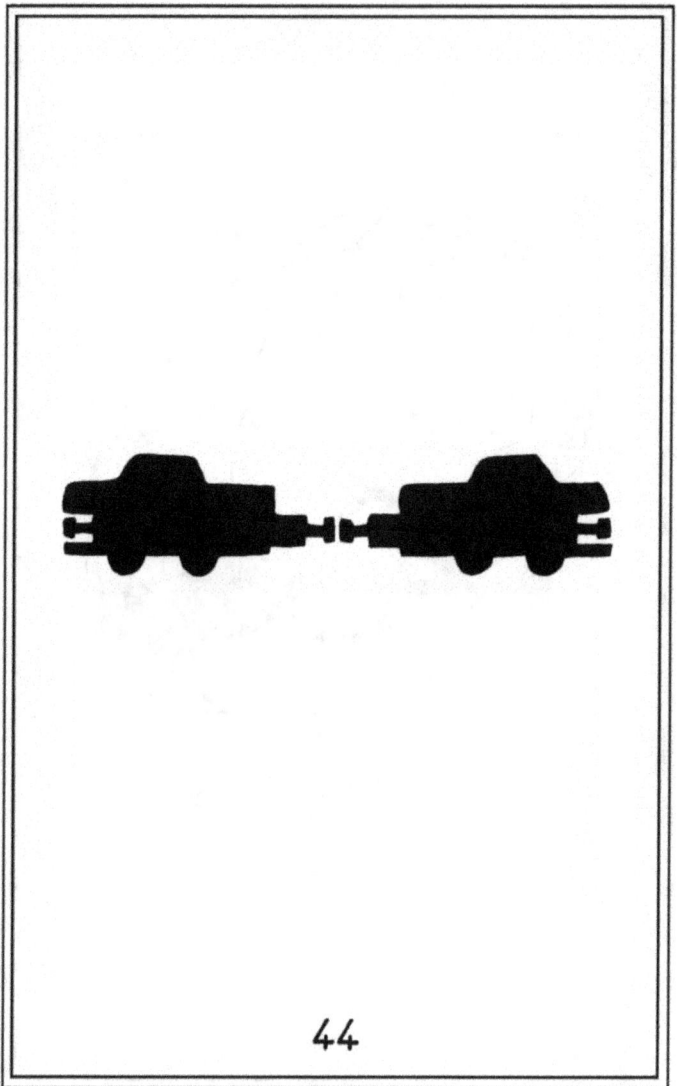

44

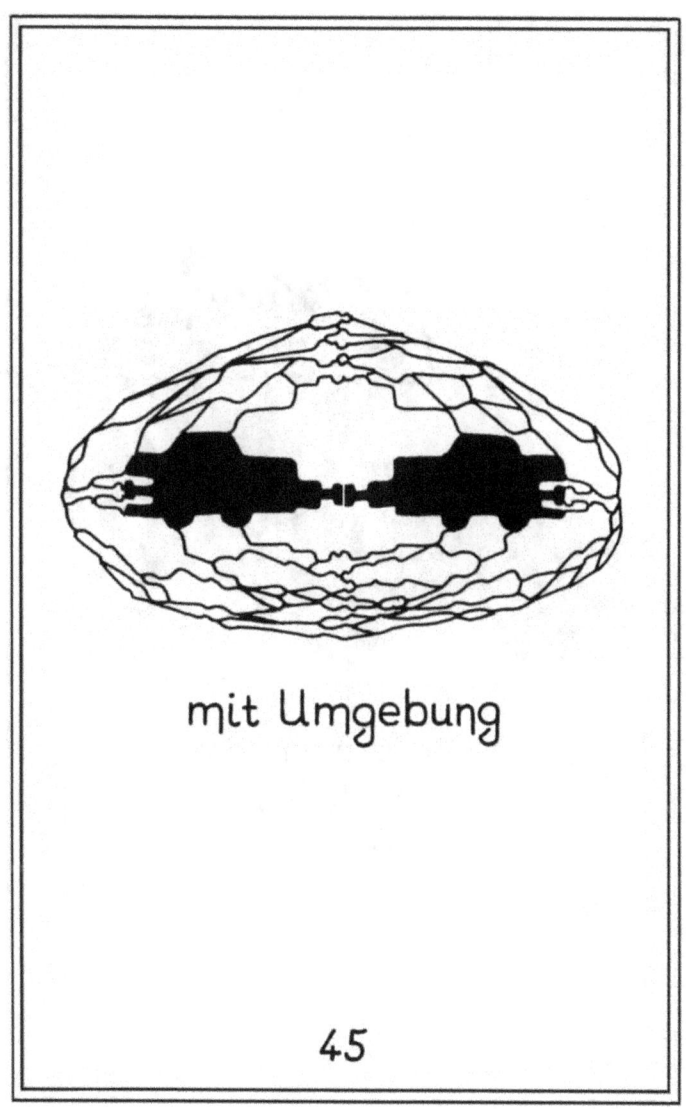

mit Umgebung

45

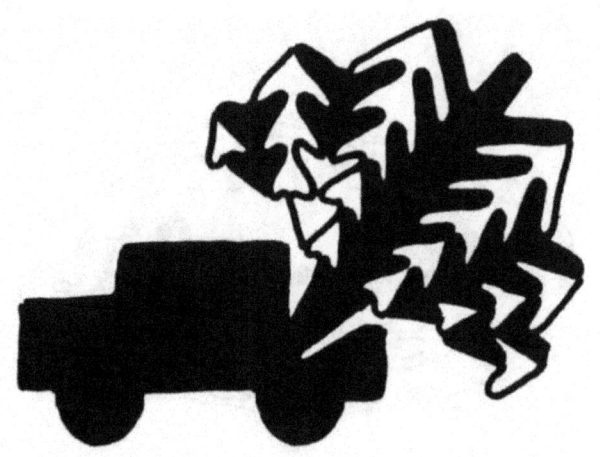

mit Tannenbaum
aufgeklappt
als Bremsschirm

46

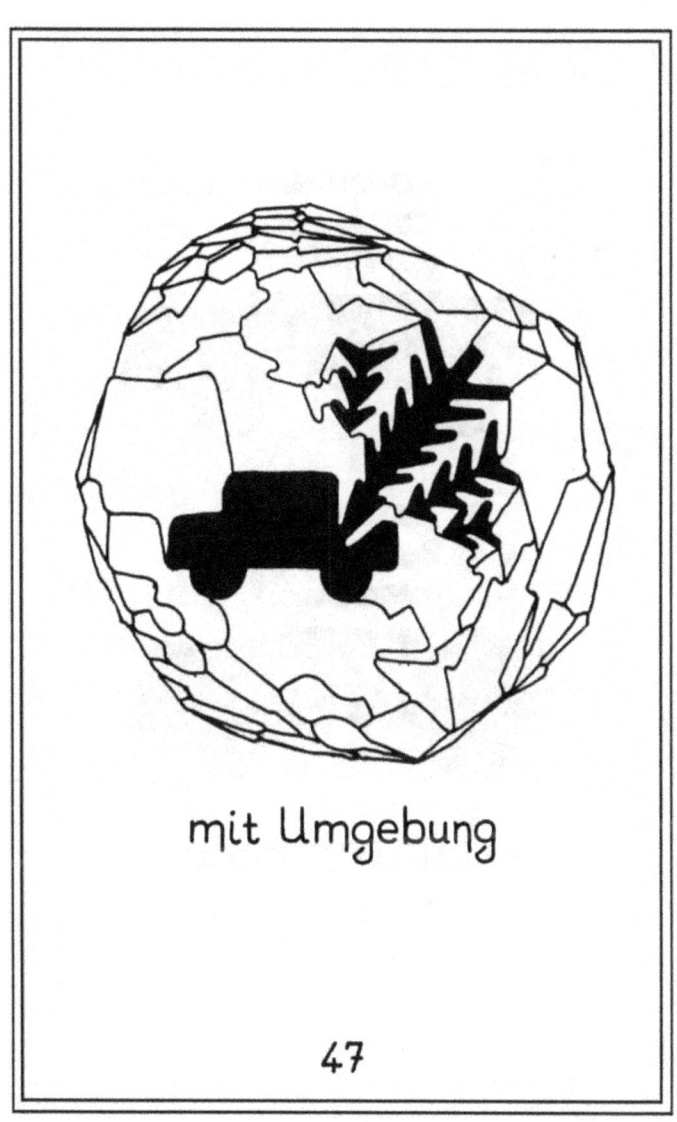

mit Umgebung

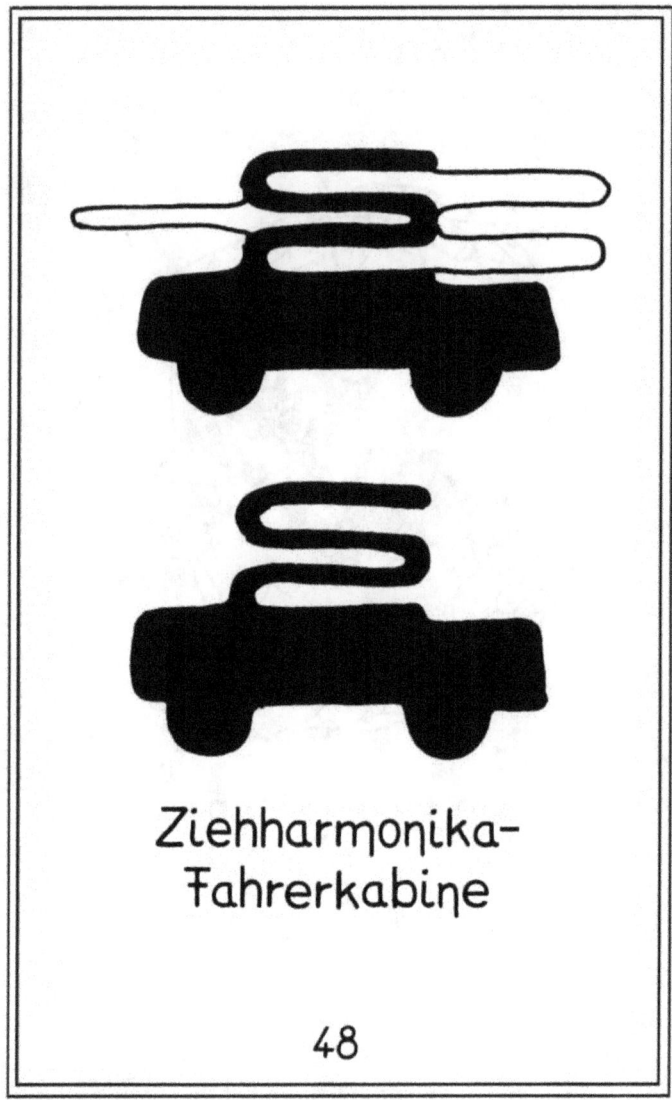

Ziehharmonika-
Fahrerkabine

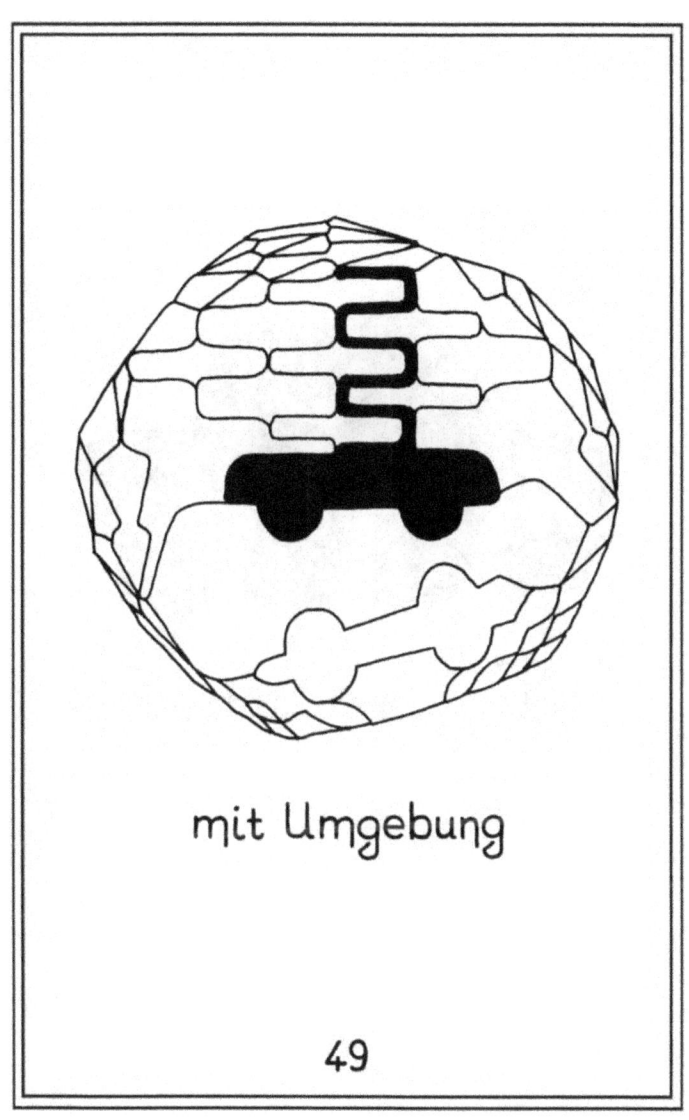

mit Umgebung

49

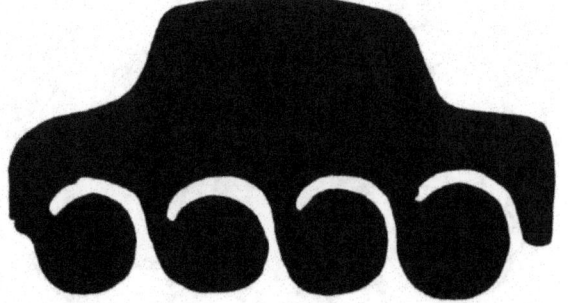

mit Vierradantrieb

50

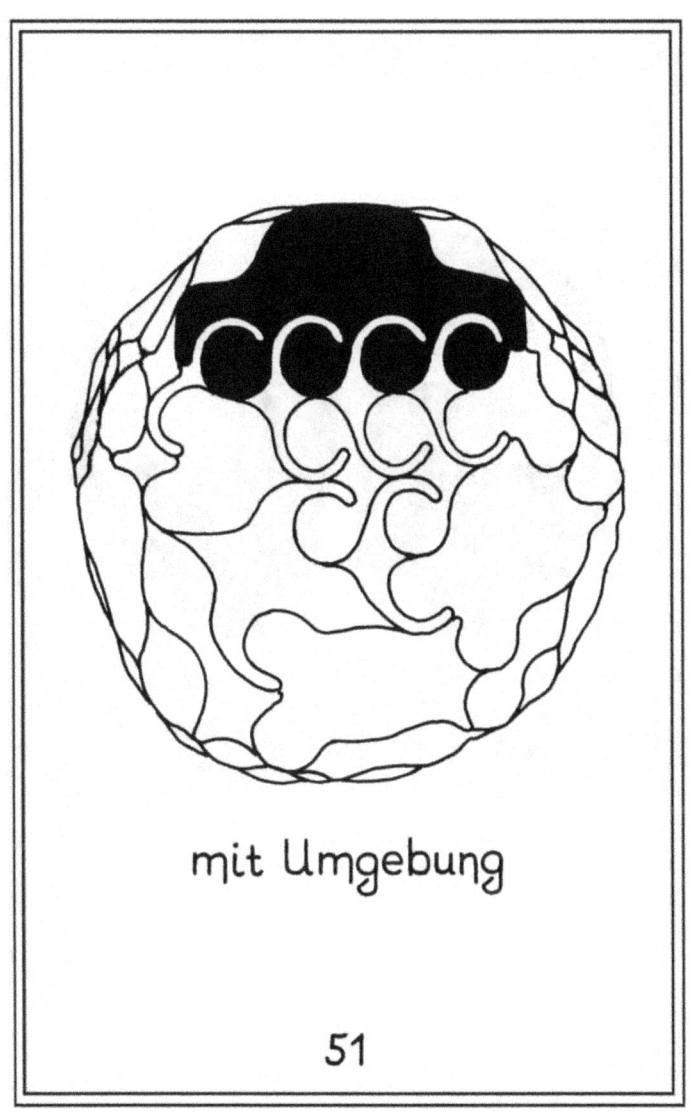

mit Umgebung

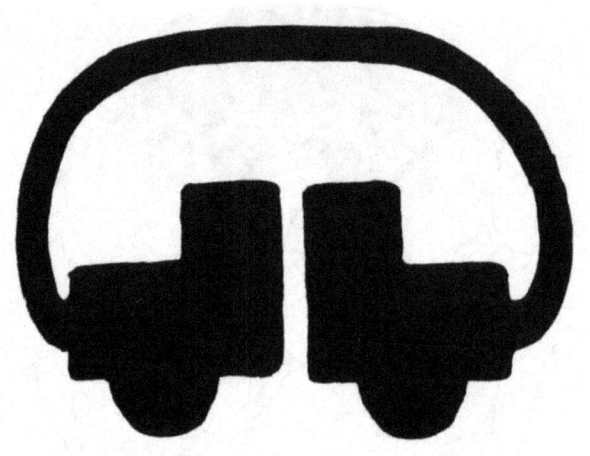

mit Überrollbügel

52

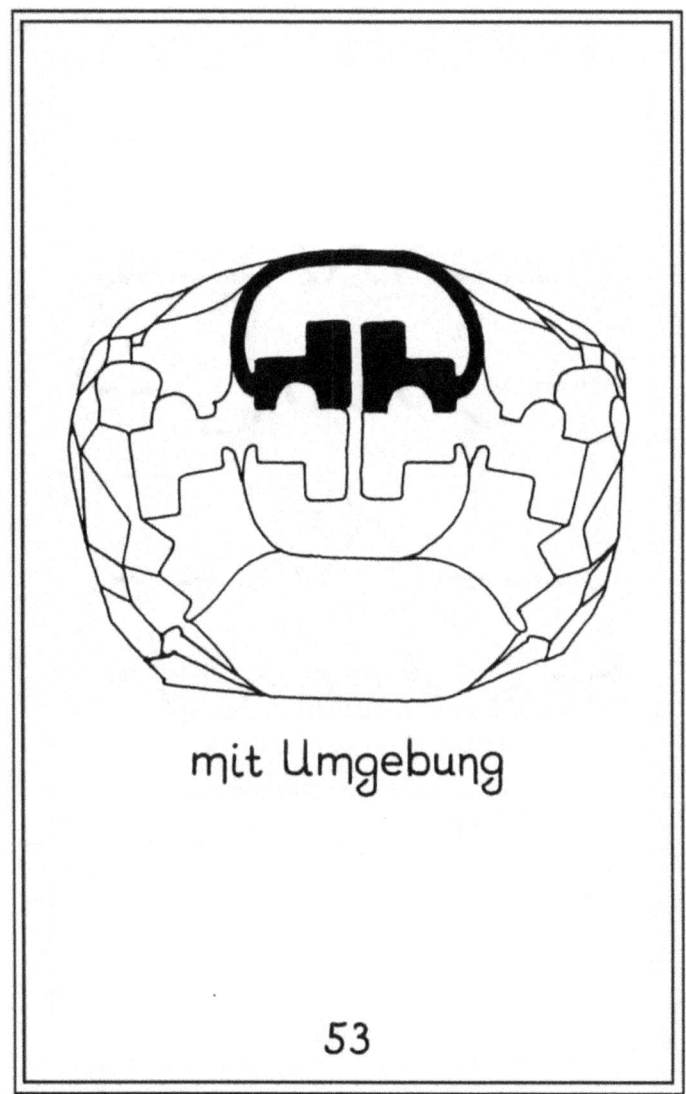

mit Umgebung

53

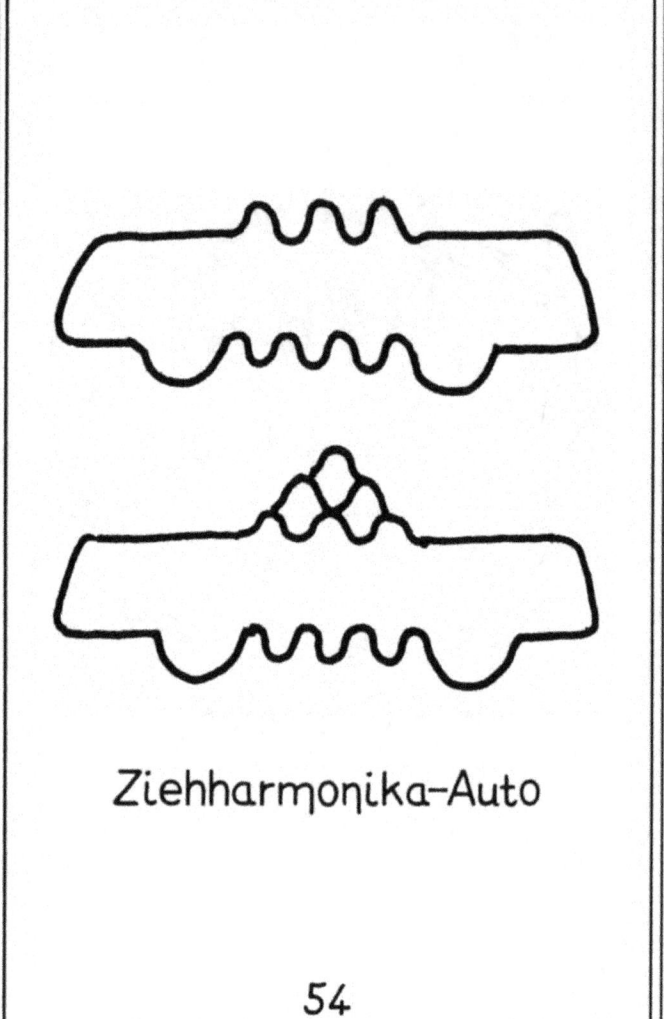

Ziehharmonika-Auto

Impressum:
Claus-Dietrich Groll
53474 Bad Neuenahr-Ahrweiler
Walburgisstrasse 1

Druck: Amazon